歴史文化ライブラリー

128

アイヌ文化誌ノート

佐々木利和

吉川弘文館

原則として、初版で掲載した口絵は割愛しております。

目次

アイヌ文化と向きあう――プロローグ

1　アイヌ文化と向きあう

アイヌ民族博物館

北海道白老《しらおい》町。今もむかしも、そこに住むアイヌの人びとは、伝承している文化のかずかずを、訪れる旅行者たちにわかりやすく紹介している。観光アイヌということばで白眼視された時期もあったが、白老の人びとは伝承を着実に受け継ぎかつ紹介していく事業をめざして、みずからの力で財団法人アイヌ民族博物館を設立した。この博物館は、けっして潤沢とはいえない運営経費の調達に苦労をしながらも、アイヌ文化伝承の場として、またアイヌ文化紹介の場として、あるいはアイヌ文化研究の中核として、現在ではきわめて重要な位置を占めるにいたっている。日本のみならず国際的にも高く評価されている大事な博物館なのである。とはいえ、景気の好転が期待できず、観光客も減少傾向で経営は楽ではない。それでもアイヌの人びとみずからが経営する唯一の財団法人を運営するため、ここの職員たちはがんばっている。

そこの友人たちがかつて語ってくれたことがある。来館する観光客の発する〝素朴な〟疑問について――。いわく、アイヌの人たちは日本語がはなせますか。今でもお米は食べないのですか。まだ、草の家に住んでいるのですか。電気はありますか……などなど、この種の珍問奇問にはきりがないという。

あたりまえのことだが、現代に生きるアイヌの人びとは現代人である。わたくしたちと日常生活はまったく変わらない。現代的な生活の中で一年の節目は厳格に守っている家庭がシャモにもあるのと同様に、伝統的なものを大切に守っているアイヌの人びとがいる。日本人としての義務も権利も行使している。ただ、シャモと大きく異なるのは、この日本列島においていわれなき差別や不利益をこうむっているということだ。それも社会生活や政治的な意味合いだけではない。歴史でも文学でも文化でも教育でもそうなのである。たとえば学校で習ったことを思い浮かべてみようか。残念ながら、わたくしたちはアイヌについて歴史はおろかなんにも学んでいなかったことを思い出すだけではないか。だから、〝素朴な〟珍問を笑うわけにはいかない。学ぶ機会をつくらなかった側こそが責められるべきなのだろう。

日本人は過去において、日本列島における、ひとつの文化伝承をこの地上から消し去り、もうひとつの文化財の伝承に大きな打撃を与えた。いうまでもない。前者は千島アイヌとその文化であり、後者は琉球文化である。

これらの文化に対して日本人はどういう態度をとってきただろうか。琉球はともかく、アイヌ文化については知らぬふりをきめこんだか、あるいは故意に無視をしつづけたか、とにかく関心はうすかった。しかし、その責はおわなければならない。とすれば、当面どういうことが考えられるだろうか。わたくしは博物館に勤務している。その立場からいえば、アイヌ文化と琉球文化のために、ふたつの国立博物館を設置することからまずはじめるべきだろうと思う。アメリカのスミソニアン研究機構が、かつてネイティヴアメリカンに対しておこなったのと同様に、政府とその機関がもっている関係資料をそこに集約することからまずはじめればいいのではなかろうか。アイヌ文化振興法に生命をふきこむためにも。

さて、アイヌ文化である。わたくしが関心をいだいているのは現代に伝承されているそれではない。一九世紀半ば以前の、アイヌ文化がもっとも大きく花開いていた時期に目を据え、その特質と文化構造についてを考えてみることにある。

アイヌ文化とは何か

とはいえ、「アイヌ文化とは何か」という問いほど答えるに困難なものはあるまい。日本文化を一言で説明することがきわめてむずかしいように、アイヌ文化を一言でいいあらわすことなどできるわけがない。

一般的にアイヌ文化とは、北海道を中心に先住していた人びとが育んだ、自然と協調した狩猟民的特質をもつものというように説明されていたかに思う。そして、その文化は、北海道アイヌ、樺太《からふと》アイヌ、そして千島《ちしま》アイヌと三分して説明するのが常であった。さらに、その中心にあるのが北海道アイヌの文化であって、樺太や千島はその亜形態であるように考えられていた。実際、わたくしもそうした説明をおこなってきている。だが、ここ数年、そうした「北海道アイヌ文化」を中核とする派生論は、はたして、妥当であったのだろうかという強い思いにかられるようになった。

その思いは欧米の博物館に保存されている、アイヌの物質文化資料（文化財）を親しく

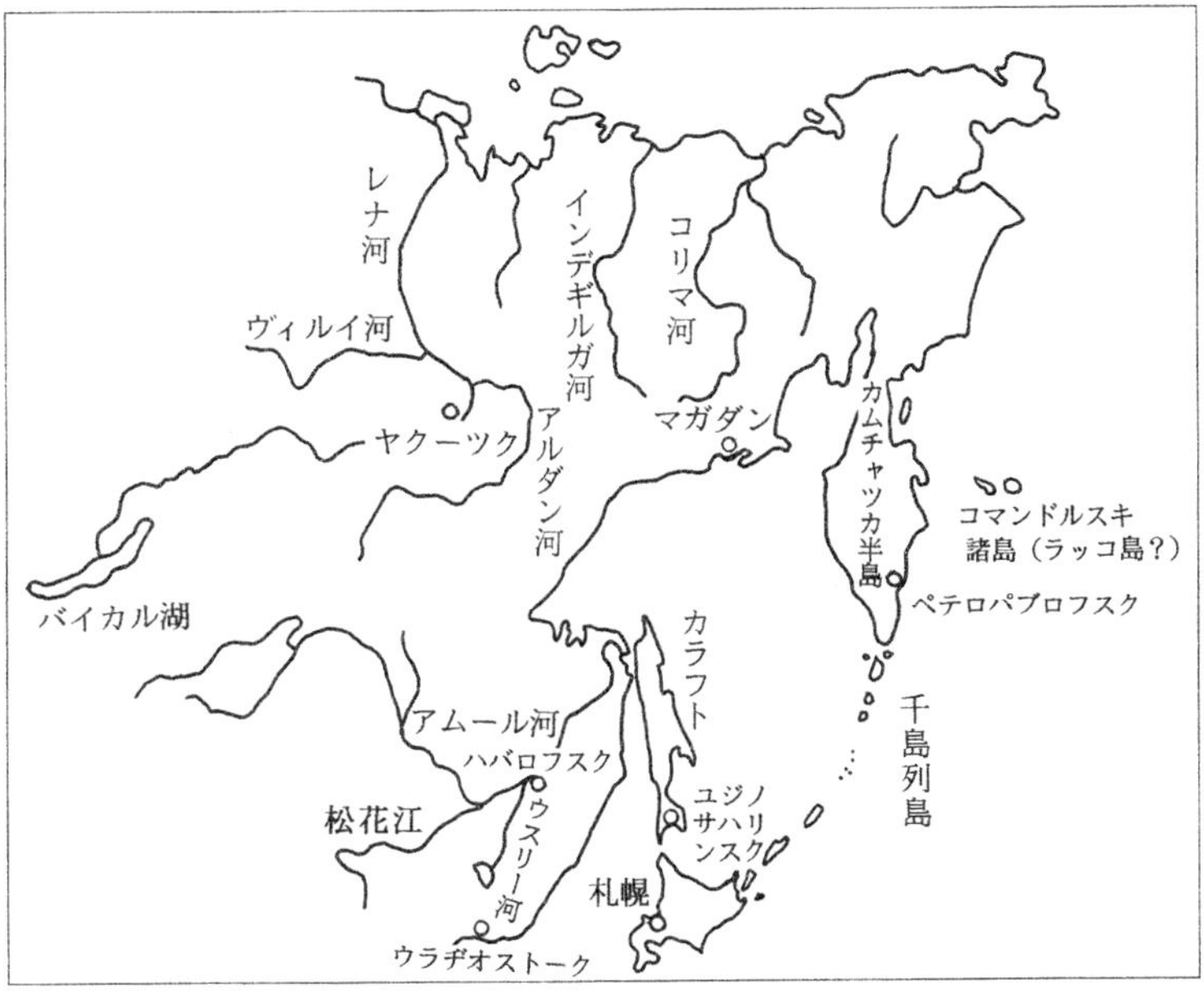

図1　北海道の北部の概念図

調査できたことに由来するのだが、とりわけロシアのサンクトペテルブルクのふたつの博物館に収蔵される樺太アイヌの資料を調査したさいに、その思いはいっそう強まったのである。樺太と北海道のアイヌ文化には大きな異質性があるという認識であった。

ペテルブルクでは、調査団長の荻原真子氏はじめそのメンバーたちと、このことで何度も語りあったものである。そして、いつも、わたくしたちはいかに物を知らなかったかという衝撃的な結論にいたるのであった。日本国内に遺された物質文化資料だけではアイヌ文化は語れないのだ、と。

そうした視点でもう一度、ものを見直すと意外に新しい事実に気がつく。アイヌ文化はけっして固定された地域文化ではない。それどころか、非常に大きな広がりをもった文化なのである。たとえば樺太アイヌは周辺の諸民族、とりわけ大陸を強く意識した文化を発展させた。他方、北海道アイヌはシャモの文化と深くかかわりながらその文化を発展させた。この違いは小さくはない。樺太アイヌの文化と北海道アイヌの文化とを比較してみた場合、その二文化間の距離はヤマトと沖縄《ウチナー》ほどの差があるかもしれない。しかし、樺太と北海道は完全に断絶があるわけではない。この両者はソウヤという地域を通じて充分な交流を持っていたことが想定される。ソウヤは重要な地域ではあるのだが、この地域の資料はきわめて少ない。

樺太と北海道のアイヌ文化は文化母体を同じくする兄弟ではあるけれども、その性格はかなり異質なものとして、とらえなおさなければいけないのではないだろうか。

本書においてみていこうとするアイヌ文化は、やはり北海道、樺太、千島という地域性を捨象することはできない。

アイヌ文化の地域性

アイヌモシㇼ（aynu-mosir＝人間の世界）はカムイモシㇼ（kamuy-mosir＝神々の世界）に対して用いられることばで、それ自体特定の地域をさすものではない。しいていえば、アイヌの人びとが居住するすべての世界のことである。具体的な意味での人間集団としてのアイヌ全体が住む地域をさすことばは存在しないといっていい。

ある地域を中心にしてメナスンクㇽ（menas-un kur＝東の衆）だのレプンクㇽ（rep-un kur＝沖の衆）だのという呼称はあるものの、きちんとした境域をもつ地域をさしているわけではない。かつて鳥居龍蔵《とりいりゆうぞう》氏は、千島アイヌは自称して、「ルートンモングル ruton-mon-guru＝西に住まえる人」といい、これに対して北海道アイヌを「ヤムグル（yamu-guru＝南方の人）」というと報告している（『千島アイヌ』一九〇三年）。鳥居氏のいうルートンモングルは久保寺逸彦《いつひこ》氏によって「ルルトムンクル ruru-tom-un-kuru」また

アイヌ
西蝦夷地
東蝦夷地
モンベツ
シレトコ岬
アバシリ
シャリ
クナシリ
シコタン
ニシベツ
ノシャップ岬
ネモロ
シラヌカ
クスリ
アッケシ
東部アイヌ
トカチ川
ビロウ
エリモ岬
ホロイヅミ

と東西蝦夷地

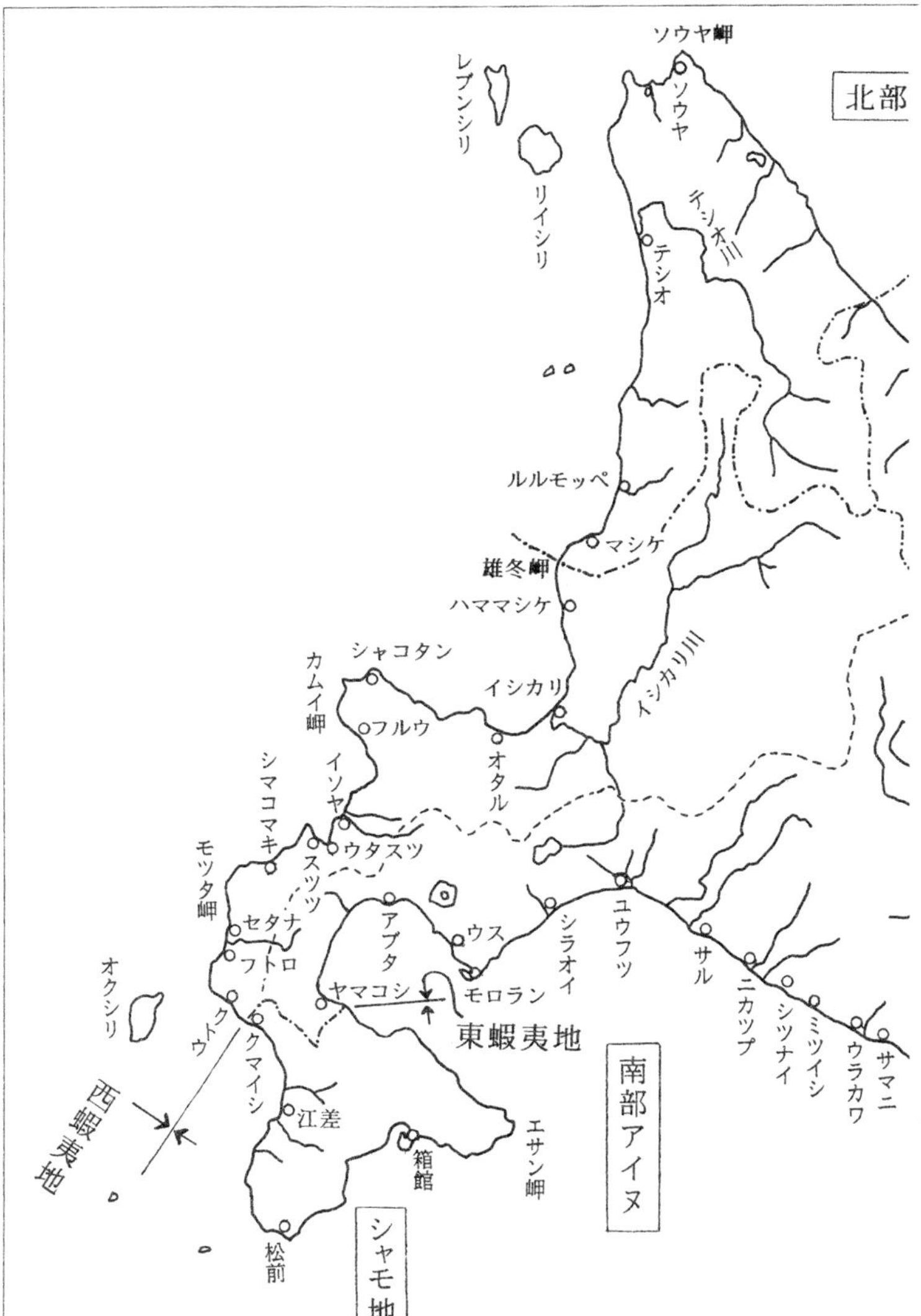

ソウヤ岬
北部
レブンシリ
ソウヤ
リイシリ
テシオ川
テシオ
ルルモッペ
マシケ
雄冬岬
ハママシケ
シャコタン
カムイ岬
イシカリ
イシカリ川
フルウ
オタル
シマコマキ
イソヤ
ウタスツ
モッタ岬
スッツ
アブタ
ウス
セタナ
フトロ
シラオイ
ユウフツ
サル
オクシリ
ヤマコシ
モロラン
ニカップ
シツナイ
ミツイシ
ウラカワ
サマニ
クドウ
クマイシ
東蝦夷地
西蝦夷地
南部アイヌ
江差
箱館
エサン岬
松前
シャモ地

図2　アイヌ文化圏

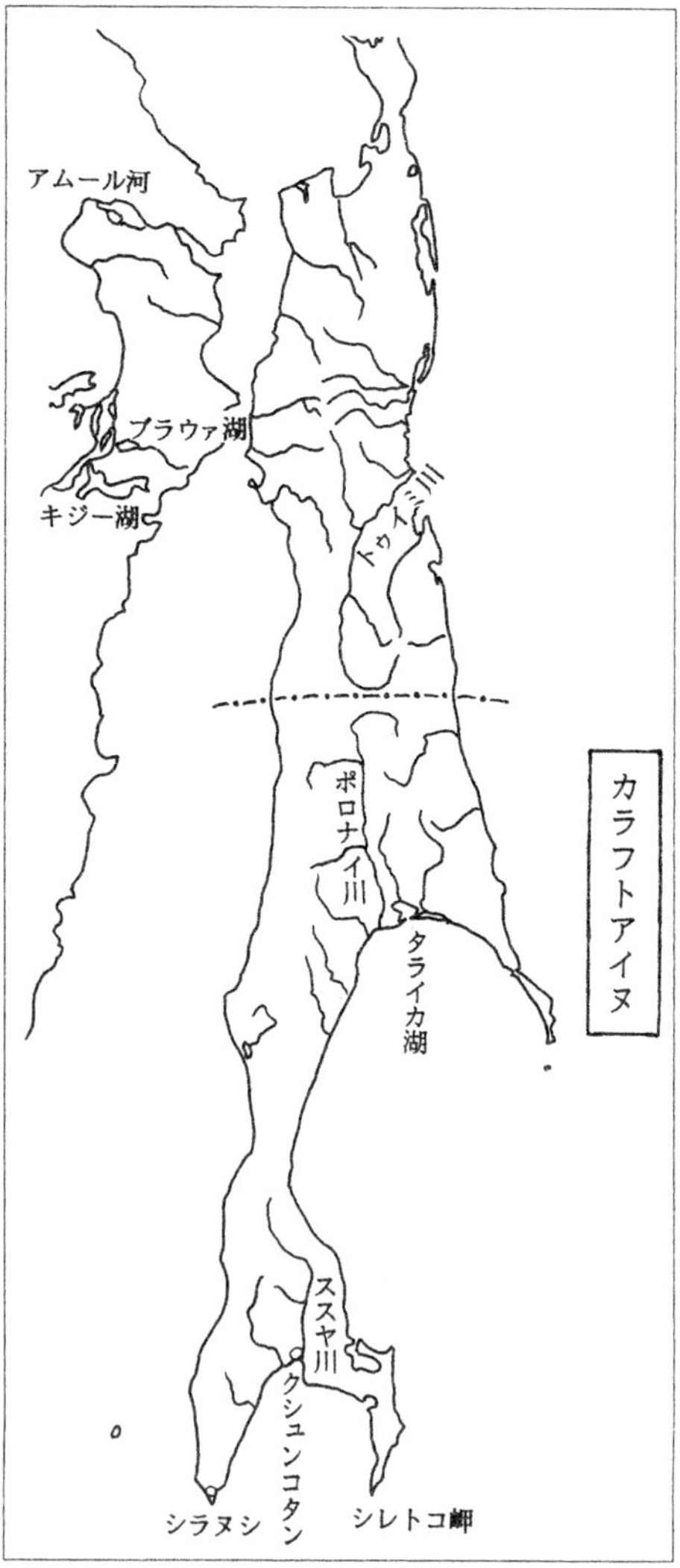

図3　樺太のアイヌ文化圏

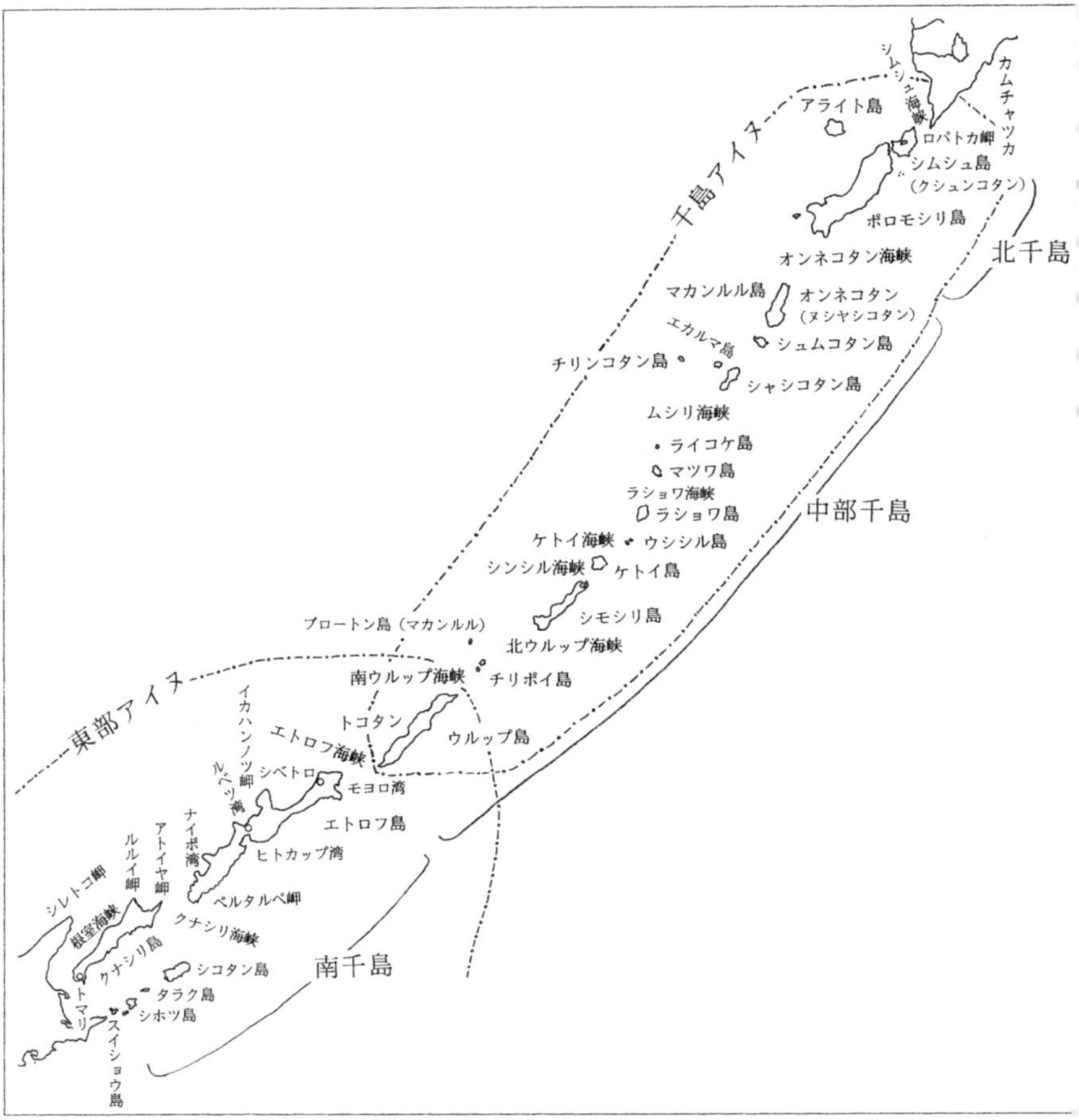

図4　千島列島のアイヌ文化圏

「ルットムンクル ruttom-un-kuru」（いずれも「海中ノ人又ハ島嶼《とうしょ》ノ住人ノ儀」）というふうに整理しなおされており「yaunkur ニ対シテ云フ」と説明なされている（『アイヌ語・日本語辞典稿』一九九一年）。したがってヤムグルもヤウンクル（ya-un kur ＝本土びと）であろう。この場合の本土は北海道本島のことである。となると、「ルートンモングル」は北海道アイヌによって呼ばれたものと考えられ、ほんとうに千島アイヌの自称であったかは調べ直してみたくなるのであるが、残念なことにそれをおこなうことは未来永劫できないのである。

このような地域呼称は、北海道アイヌを中心として用いられてきたともいえる。シャモとの接触が時間的にも地域的にも大きい北海道アイヌの存在が、シャモにアイヌ文化を紹介する中核的な存在となっていたことはいうまでもない。

わたくしは、アイヌの人びとが生み出した文化を、地域によってそれぞれが独自の特長をもつものとして今一度とらえなおしたいと考えはじめている。そのために、アイヌ文化を生み、育んだ地域の呼称として、あらためて北海道、樺太、千島を冠して用いようと思う。一九世紀半ば以前のアイヌ文化を考えるのに「北海道」は適当かという意見もあろう。「北海道」は明治政府によって命名されており、そのことばじたいに、アイヌの人びととアイヌ文化とはいっさいかかわりをもっていない。しかし、名称のない時代から、「北海道」島にずっと住みつづけてきた人びとは確実に存在するのである。その人びとをここでは「北海道」アイヌと呼び歴史名辞として用いようと思う。そして樺太、千島はすでに歴史的な名辞である（かつては東北アイヌも存在したのであるが……）。

北海道は単一文化か

北海道アイヌもしかし、ひとつの文化としてまとめることができるだろうかという懸念がある。図2に示してみたが、シャモ地に接し、そこの影響をうけやすい位置にある北海道南部の文化――これは雄冬《おふゆ》岬以南の日本海側と十勝川東側までの太平洋岸、いわば東蝦夷地《ひがしえぞち》と西蝦夷地の一部＝南部アイヌ文化圏――、および北海道北部の文化――ソウヤを中心に雄冬岬以北の日本海岸とオホーツク海岸の幌内《ほろない》川まで、つまり西蝦夷地の大部分＝北部アイヌ文化圏――そして残り地域とクナシリ・エトロフを含む東部アイヌ文化圏とに、三分して考えたほうがいいのかもしれない。

ただ、残念なことには北部アイヌの文化は物質文化を含めてきわめて伝存資料に乏しい。鰊《にしん》漁を中心にした場所請負《ばしょうけおい》制度の影響をもろにうけ、その結果文化伝承を著しく困難にさせた。千島アイヌと同様にこの地の文化も地上から抹殺されてしまったともいいうるのである。

ここで、松前藩独特の経営方式である、場所請負制について簡単にふれておこう。松前氏が所領とした蝦夷地は米の生産がおこなわれない地域であって、家臣に米を扶持としてあたえることはできなかった。そこで、蝦夷地をいくつか区切り、そこでの交易権を知行として家臣にあたえた。商場《あきないば》である。家臣は商場においてアイヌの人びとと交易する権利を得、その交易品の売却利益をもって扶持とした。一七世紀末から一八世紀初頭にかけて、商人が一定の運上金を上納して商場（場所）の経営を請け負うようになった。この場所経営の形態を場所請負制といった。蝦夷地独特のこの方式は、利潤を目的とする商人とアイヌの人びととのあいだにさまざまな軋轢をうみ、しだいにアイヌの人びとは場所の労働力として過酷な収奪にあえぐようになる。

このような状況のもとで、なおアイヌの人びとは自らの文化を育んでいったのである。北部アイヌ文化地域は、場所請負制がさかんだったころ、多くのコタン（kotan　聚落）が栄え、大場所も少なくなかったし、アイヌ人口の集中度がもっとも高い地域でもあった。鰊漁業による漁場の労働力として各地からアイヌの人びとが集められたためであり、日本海側にはルルモッペ、テシオ、ソウヤそしてリシリなどの大コタンがあり、隣接するオホーツク海沿岸にはモンベツ、アバシリ、シャリなどという大きなコタンが海岸筋に多くあ

表1　アイヌの人口

場所	西蝦夷地文政5年人口	西蝦夷地嘉永6年人口	場所	東蝦夷地文政5年人口	東蝦夷地嘉永6年人口	場所	樺太文政5年人口	樺太嘉永6年人口
久遠	25	11	山越内	504	374	カラフト	2571	2669
太田	—	—	虻田	800	601			
太櫓	68	73	有珠	417	460			
瀬田内	86	71	エトモ	144	256			
スツキ	—	—	幌別	231	257			
島小牧	128	34	白老	332	399			
寿都	76	63	勇払	1312	1178			
歌棄	209	54	沙流	1215	1124			
磯谷	83	17	新冠	358	386			
岩内	251	56	静内	523	644			
古宇	128	75	三石	221	221			
積丹	82	77	浦河	327	441			
美国	54	14	様似	132	174			
古平	374	241	幌泉	173	115			
上余市	—	—	十勝	1099	1178			
下余市	564	493	釧路	1349	1298			
忍路	292	125	厚岸	804	217			
高島	189	71	根室	891	581			
小樽内	150	102	国後	347	99			
石狩	1685	670	択捉	849	503			
厚田	72	41	色丹	92	—			
浜益	297	200						
増毛	437	136						
留萌	472	216						
苫前	211	109						
手塩	418	213						
利尻	116	37						
礼文		27						
宗谷	719	585						
斜里	2462	1414						
計	9648	5225		12120	10506		2571	2669

(『北海道史　附録』1918により作成)

った。そしてそれゆえにというべきか、オホーツク海沿岸のアイヌの人びとは漁場労働力として、鰊漁のさかんな日本海側の場所（あるいはクナシリ、エトロフにも）に集められた。表1に示してみたが、ここでは労働力としてのアイヌの人びとの損耗（あえてこのことばを使う）が著しく、また他地域からシャモを含めてさまざまな人びとが集まったということもあって、伝統的な地域文化の伝承が維持できにくくなっていったという側面がある。鰊漁のなかで、アイヌの人びととその文化が埋没していったのである。その地域の特色ある物質文化をはじめ、人びとの記憶にある伝承を含め、現在に残されたものの量の少なさには驚かざるをえない。

もちろん、その責任の多くはシャモにあることは言うまでもないが、ひとつにはこの地域の人びとの進取性にくわえ、漁場労働者として、シャモと接する時間が多かったことが、伝統的な文化伝承を困難にしていったのであろう。

一方において、南部アイヌ文化地域は、日本海側の一地域を除けば、鰊漁という側面では北部地域ほどのすさまじさはみられなかったし、沿岸だけではなく内陸部にも比較的大きなコタンが存在したことなど伝統文化を守りやすかったともいえる。東部アイヌ文化地域も、南部地域と同様に考えられるが、一方でこの地域はシャモの側からすると非常に遠く離れており、独立の気概の強いおさたちが多く輩出したこともあって、文化を伝承し維持することについては北部地域とは異なった様相をみせていた。

隣り合う異文化

アイヌ文化の周辺

『西伯利地誌』

近年は歌われることの少なくなったという、唱歌「蛍《ほたる》の光」。それでも別れの歌としてそこはかとない寂しさと想い出とをかもしだす名曲として親しまれていることに変わりはない。その日本語歌詞の第四節は「ちしまのおくも　おきなわも　やしまのうちの　まもりなり」と歌い出されていることを知る人はあまり多くはあるまい。

この歌詞がはじめて採用された『小学唱歌集　初編』が刊行されたのは一八八一（明治一四）年のことというから、一八七五年に締結された樺太千島交換条約、一八七九年の琉球処分などの、いわば「帝国」日本の第一次版図確定という政治状況をふまえての作詞であったことがわかる。

人も知るとおり、こののち日本は、日清、日露の両戦争をへて台湾、南樺太と版図を拡大していくわけであるが、そのこと自体はわたくしの目的とするところとあまりかかわらない。ただ、一八九二（明治二五）年という早い時期に参謀《さんぼう》本部は上下二巻の『西伯利《シベリア》地誌』という大冊を編纂《へんさん》している。参謀次長川上操六《そうろく》はそれに序して「今、我が参謀本部編纂の西伯利地誌は、また唯《た》だ近きより始むる也《なり》、西伯利は北海道を僅かに隔つこと一小海峡にして露国の鉄道横貫を持す……小は商業より大は兵事に至る、一日以て討究を懈るべからず」という。いささか遠慮がちな表現にとどめてはいるが、近代軍制確立以前に軍はかなり早くから兵用地誌としてシベリア情報の把握につとめていた。

その『西伯利地誌』であるが、巻三「国体部」に「第五編　人種」の項を設けている。第一章はスラヴ人種で大ロシア、小ロシア、カザック人が、第二章はフィン人種でヴォグル、ヲスチャク、サモエド、ソイヲト、ウリャンハイ人が、第三章は蒙古人種でブリヤト、カルムイク、コリヤク、カムチャツカ、チウクチャ、朝鮮、マンザ、タタール、ヤクート人が、第四章はトゥングス人種で、トゥングス、ヲロチョン、マネグル、ゴリト、ギリヤク、キレ、マングン、ラムト、ダウル、ソロン、ユカギル人が、第五章はトルコ人種で、テレウト、キルギズ人がそれぞれあげられており、ほかにユダヤ人が記載されている。民族名が現在のそれとは多少異なっていることを割り引いても、これらの名前を聞いたことのある人はどのくらいいるだろう。馴染《なじ》みがないと答える人がほとんどではなかろうか。おそらく、この記録は近代日本がその北に住んでいるシベリア諸民族の全体像を把握した嚆矢《こうし》として、その目的はともかく、高く評価していい。しかしながら、この記録は国民共有の財産とはならなかった。というのは、現在においてもなお、北海道の北、もしくは千島列島の先に住んでいる人びととその文化は日本人（日本国籍を有する人という意味合いで）の基礎的な教養となっていないのだから。

北の隣人たち

ところで、日本人のなかに、アイヌの人びととは言語も文化も異なるウイルタ、ニヴフの人びとが存在していること、現在の居住地でそれぞれの文化を伝承していることを知る人は、どのくらいいるだろうか（たとえば『広辞苑』第四版にはかれらの一部が日本人であることの記載はない）。わたくしたちは、アイヌ文化以上に、この人びとの文化について知ることは少ないのではなかろうか。

アイヌ文化について語ることがわたくしに課せられた使命なのであるが、その前にアイヌ文化を取り巻く周辺文化を垣間見ておくことにしよう。といって『西伯利地誌』に取り上げられた民族すべてをみる必要はない。今、ひとつの地図（図5）を用意したのでそれによっていただこう。

北海道の北に樺太（サハリン）がある。ここにはアイヌの人びとが住み、その北にウイルタ（旧称オロッコ）がおり、そのさらに北にはニヴフ（旧称ギリヤーク）の人びとが住む。海峡を渡って、アムール河下流域から沿海地方に眼を転ずると、ニヴフとウリチ、オロチ、ウデへそしてナーナイ（旧称ゴリド、中国領では赫哲《かくてつ》）の人びとが居住している。

千島列島の先にはカムチャツカ半島があり、ここにはイテリメン、コリヤークといった人びとがおり、その北にはチュクチの人びとが住む。チュコト半島の一部とベーリング海峡の対岸には北アラスカエスキモーやベーリング海エスキモーといわれる人びとがおり、アリューシャン列島にはアリュート（アレウト）が住んでいた。佐々木史郎氏の解説（『世界民族問題事典』、一九九五年）や『ロシアの民族大百科』（一九九四年）によりながら、周辺の人びとを垣間みておこう。

①ウイルタ　ツングース語系の民族で、かつてオロッコと呼ばれた人びと。樺太でトナカイを飼育し、狩猟・漁撈《ぎょろう》を主たる生業とする。『ロシアの民族大百科』によれば一九八九年現在、一七九人の人口とされる。日本での人口はきちんとした統計がなく

不明。

②ニヴフ　旧アジア諸語系の民族。かつてギリヤークと呼ばれた。樺太および沿海地方に居住する。狩猟・漁撈を生業とする。前掲書の統計では一九八九年現在、四六三一人。日本での人口についてはきちんとした統計がなく不明。

③ウリチ　ウルチャとも。ツングース語系の民族で自称をナニ（土地の人）、マングニ（アムールの人）という。狩猟を主たる生業とする。日本史やアイヌ史のうえではサンタンと呼ばれた人びとで、山旦《さんたん》交易の担い手であった。『ロシアの民族大百科』によれば一九八九年現在の人口は三一七三人である。

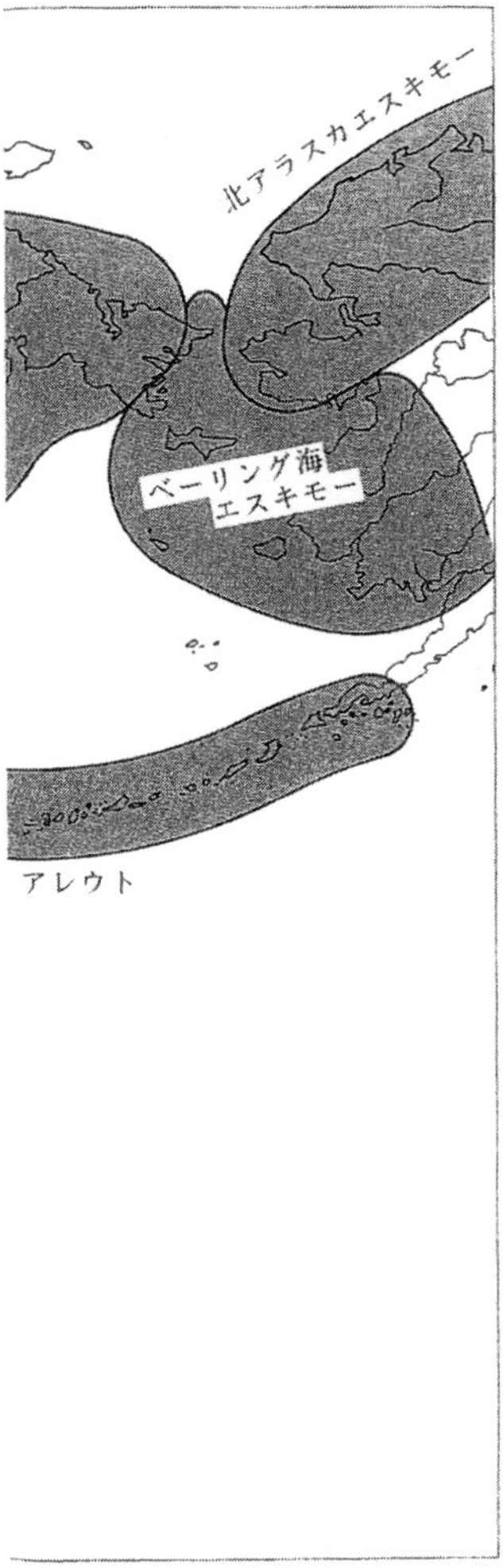

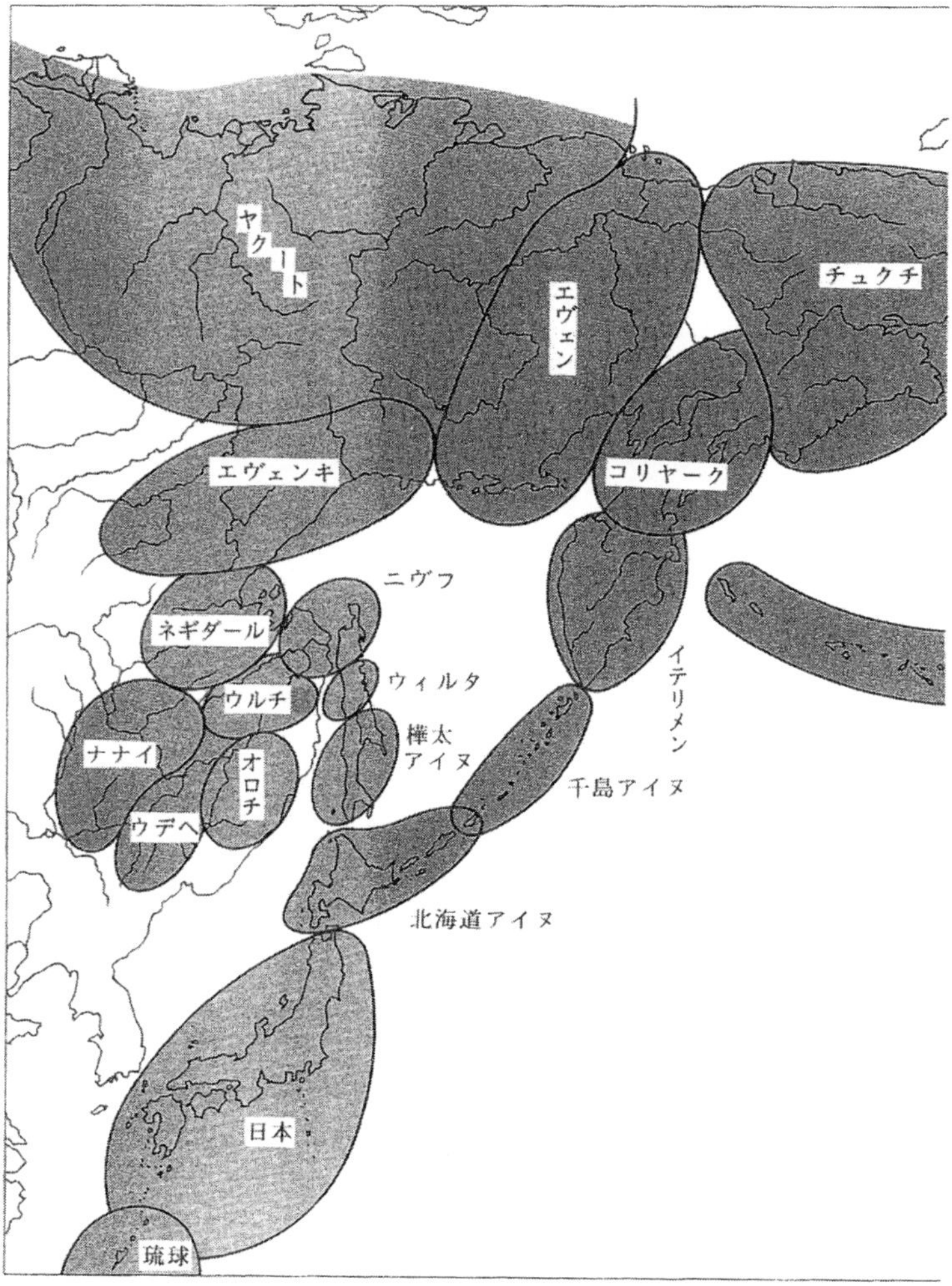

図5　アイヌ文化とその周辺（『アイヌの工芸』展図録による）

④オロチ　やはり自称をナニという。ツングース語系の民族。『ロシアの民族大百科』による一九八九年現在の人口は八八三人。

⑤ウデヘ　ツングース語系の民族で、狩猟・漁撈を生業とする。『ロシアの民族大百科』による一九八九年現在の人口は一九〇二人。

⑥ナーナイ　ツングース語系の民族で、黒竜江の下流域地方に住む。古くはゴリドと呼ばれた。狩猟や河川漁撈、豚飼育などを生業としている。ロシア側と中国側とに分れ、一九八九年現在、ロシア側には一万一八八三人が、佐々木史郎氏によると一九九〇年現在、中国側に四二五四人が住む。中国での呼称はホジェン（赫哲）であるが、古くは魚皮韃子《ウーピーダーツ》とも呼ばれていた。ただ、この両者は同一民族というよりローカルなエスニック・グループと考えた方がいいという意見もある。

⑦イテリメン　カムチャツカの古くからの住人で、古アジア諸語系の民族。漁撈を主たる生業とする。カムチャダールとも呼ばれた。『ロシアの民族大百科』による一九八九年現在の人口は二四二九人である。

⑧コリヤーク　イテリメンと同じくカムチャツカの古くからの住人で、古アジア諸語系の民族。漁撈を中心とする海岸地帯の住人とトナカイ飼育をする内陸の住人とがあ

り、文化的には異なる特徴をもっている。『ロシアの民族大百科』による一九八九年現在の人口は八九四二人。

⑨チュクチ　チュコト半島を中心に住む古アジア諸語系の民族。海獣狩猟を生業の中心とする人びととトナカイ飼育を中心とする人びととがいる。自称をルゴラヴェトリャン（真の人間）という。『ロシアの民族大百科』による一九八九年現在の人口は一万五一〇七人。

これらの人びとはその居住する土地の特性を生かした生業――トナカイを飼い、毛皮獣を狩り、鮭をすなどり、セイウチやアザラシを撃つなど――をいとなみながら、独自の文化を育んでいる。そして、たとえばその文化のなかにクマ送り儀礼をもっているとか、シャーマンが存在するとか、それは互いに孤立した文化ではなく、相互に微妙な影響をもちつづけている。

シベリアやアラスカなどといえば、わたくしたちは極寒の不毛の地というイメージをいだきがちであるが、そうした土地にあって人びとは日々のいとなみのなかから豊かな文化を生み出してきた。日本列島の住民も、この文化とはまったくかかわりがないというわけにはいかないのである。

シャモとアイヌ

シャモということば

前章においても「シャモ」という語を多々用いてきた。多少はアイヌ文化に関心がある人ならば、「シャモ」ということばを耳にしたことがあるかもしれない。いうまでもなく「日本語びと＝和人」をさしていうことばであるが、このことばの場合、日本語びとはけして尊敬されていない。それのみか、侮蔑《ぶべつ》の意味すら含まれている。萱野茂《かやのしげる》氏は『萱野茂のアイヌ語辞典』（一九九六年）のなかで「シャモ　和人：シサムウタラの略」と記す。ではシサムウタラとはどのような存在か。同じ辞書から引用すると「和人、日本人」のこととある。そして「シ＝私、サム＝側、近く、ウタラ＝仲間、隣人」と解釈している。

萱野氏の分析に従って考えると、いってみれば、シサムウタラが転訛してシャモになったというわけだ。この変化過程を説明するのはちょっと大変だからここでは省くが、しかし、シャモは存外古くからあることばなのだ。もっとも古いシャモの使い方をみておこう。シャモは「者某」と記されるのがもっとも古い例で、康正元（一四五六）年「コシャマインの戦争」の記録がある『新羅之記録《しんらのきろく》』という松前藩の家記にみえる。それには、「……殺者某事起元於志濃里之鍛冶屋村也」と記載され、これを高倉新一郎氏は「……シャモを殺す事の起元は……」と読まれた（『新北海道史』一九六九年）。者はシャ、某はボウ、またはバイだからそのままではシャボウであってシャモとはならない。しかしボウはモウと変わりうるから高倉氏の読みで無理はないだろう。

となるとシャモと読ませる例としては、一四五六年という、年代的には最古の例である。だがこの史料は編纂物であるから、いわば二次史料ではある。したがって、この記載をもって最古のシャモ使用例と単純化できないという議論になれば、それはそのとおりかもしれない。しかし、シャモの用例が一五世紀なかばにあるとするのは仮に無理であるとしても、一六四六年という、この家記が成立した段階では確実に使用されている。だからこのシャモの用例をもって最古とすることは問題ない。者某の文字は、この史料にしか用例はみあたらないし、一七世紀段階で、原史料をわざわざ書き改める積極的な理由も考えられないから、これらが原史料にもあった文字であろうことは想像に難くない。

『新羅之記録』は家史である。したがって松前氏がかかわる部分の潤色はあるにしても、この部分はまだ事実の記載であってとりたてて史料を飾る必要はない。おそらく「東西数十日程の中に住む所の村々里々」のようないささか誇張めく表現も含めて原史料をそのまま引用したと考えていい。

シャモということばは、『和漢三才図会《わかんさんさいずえ》』（一七一二年、寺島良安《てらじまりょうあん》）の「蝦夷国《えぞこく》語」には「日本人　シャモ　之也毛」とあり、谷川士清《ことすが》は『倭訓栞《わくんのしおり》』で「えぞより日本人を指てしやもといふ」と述べ「沙門の音にや」と記す。また『北海随筆《ほっかいずいひつ》』（一七三九年、坂倉源次郎）にも「シャモ　日本人」のように記されているし、武藤勘蔵《かんぞう》は「シャモとは夷言《いげん》に本邦の人をさしていふ」と報告する（一七九八年、『蝦夷日記』）。つまり一八世紀初頭まで本邦の人（＝日本語びと）は日本人であり、日本人はシャモであった。

シャモの自称

ところで秦檍麿《はたあわきまろ》はシャモについて、つぎのような語解をおこなっている（『蝦夷島奇観』）。シャモというのはシャパクルの略であって、シャパクルとは「シャパはかしらだちたる事……クルは人とい」うことだから、すなわち「かしらだちたる人」のことである。かれらが住んでいるところがシャモロモシリであって「かしらだちたる人の島」ということで本邦のことをいう。いにしえは蝦夷もことごとく本邦に属していたから、本邦をかしらの島といい、それゆえに蝦夷は「かしらの島」に宝物を貢ぐのであると。

また『もしほ草』（一七九二年、上原熊次郎）はシャモの語そのものは採録しないで「日本の人　ヤウンシシャム」とか「(日本の)平人　ヤ、シヤモ、ヤ、シシヤモ」という表現とする。これはシャモからヤヤシャモといういいかたに変わっていったのではなく、当代一流の蝦夷通詞《つうじ》であった上原熊次郎流の正則な（?）アイヌ語のせいである。ヤウンシシヤムはya-un sisamとなるはずだから、字義どおりなら「ya-un 陸＝本土に住む」シサムというふうになる。この場合のヤウン陸＝本土はシャモの側のそれだからいわば日本に住む隣人とでもいおうか。これはシャモの側からの発想——つまり、熊次郎がつくったアイヌ語であることは充分考えうる。ヤ、シヤモはyayan-sisam（普通の・シャモ）であろう。

さらにいえば羽太正養《はぶとまさやす》の『休明光記《きゅうめいこうき》』（一八〇七年）にもシャモの語を見出すことができるし、松浦武四郎《たけしろう》の紀行中にも使用例が認められる。

ともあれ、ことばとして正しいものであるかどうかはともかく、ずっと長い間、シャモは「日本人、和人、日本語びと」をさしていたことに間違いはない。したがってわたくしは蝦夷、アイヌなどアイヌ語びとに対する日本語びとをさすことばとして、あえてシャモの語を用いることとする。ひとつには「和人」は広く日本列島に住む日本語びとを指すことばとはいえない。「和人」ではなく「倭人」ではなぜいけないのかとは、わたくし自身、比較的よく受ける質問であるし、日本語びとは自らを「わじん」とは自称しない。また、アイヌの人びとは「アイヌ」という自称があるがシャモはみずからをさしてなんと呼ぶだろうか。「大和民族」「日本民族」「ヤマト民族」「ニホン民族」などの呼称があるではないかと声高に述べる人もいないではないが、それらのどれが日本語びとが等しく用いうる自称だろうか。ありていにいえばシャモは自称を持っていないのである。

そして、今ひとつ。萱野氏の解釈によればシサムは「私の側の仲間」くらいの意味になる。実際に接触がはじまってからの長い年月、シサムはアイヌの人びとにとって良い仲間、良い隣人でありえただろうか。だから、わたくしは日本語びとをさすにシャモにこだわるのである。

シャモのさらなる呼称

アイヌの人びとがシャモを、そのほかになんと呼んでいたかについては、更科源蔵《さらしなげんぞう》氏の面白い報告がある（『アイヌと日本人』一九七〇年）。

> 一般にシサム（本当の隣国人）と呼んでいるが、面と向かってはへりくだってニシパ（親方または旦那《だんな》の意）と呼んでいる。しかし物陰でのひそひそ話でも、
> ニシパと呼ばれる人はまれで……

と述べたうえで、パケトントネ（鞣皮《なめしがわ》頭の意で禿茶瓶《はげちゃびん》ということ）、パウチコロベ（ど助平・淫魔をもっている者の意）、トンチカマ（敷居のことで、女にもまたがれる者の意）、チックィクィポネ（嚙んで吐き出した骨の意で、禄《ママ》（碌）でなしのこと）、テケタンネ（手が長いの意で、他人のものに手を出す者）などの悪口と、「日本人」の隠語でオヤキサラウシ（ちがった耳をもっているもの）、オヤシュプイコロベ（目つきのちがう者〈オヤシㇰプイコロベのことか〉）などといい、巡査をエムシコロベ（刀さげている者）といって恐れたという。このほかウェンカサコル（悪い武士）やカサコルニシパ（笠冠った親方）は恐ろしい、いやな存在とされている。日本史における近世から近代において、アイヌの人びとにとってシャモがいかなる存在であったかが手にとるようにわかる。異文化に接する態度は今も昔も変わっていないなどとはいうまい。しかし、けっしてシャモはシサムではないのだ。

ところで、わたくしは少し前のところで、萱野茂氏の辞書からの引用で「シサムウタㇻ」なる表記を使った。この「シサムウタㇻ」という文字のなかに見なれない表記がある。校正ミスではない。現代のアイヌ語表記は、カナ文字とローマ字と両方を用いる。アイヌ語は日本語のカナ文字による表記が可能なので古くからカナ文字が用いられてきた。とはいっても、アイヌ語と日本語とはやはり別の言語だから、そのすべてをカナ文字で書き表わすことはできない。とくに江戸時代の上原熊次郎は日本語にはない tu の音を表記するのにツに半濁点を付したたし（ツ゚）、串原右仲《くしはらうちゅう》や秦檍麿はトに半濁点を付す（ト゚）などの工夫をしていた。金田一京助氏は上原方式の文字を用いたし、知里真志保《ちりましほ》氏は串原方式で表記した。この音は現在では「トゥ」と書き表わされることが多いが定まった表記とはいえない。アイヌ語にはまた、日本語とは異なり、-p、-t、-k、-r、-m などのように音節末で母音をともなわない音がある。シサムもその一例でローマ字表記すると sisam となるし、ウタㇻも utar となる。この -m と -r には母音がともなっていない。母音をともなわないので、カナ文字で表記できない。それで、文字を小さくして前の字に添えるというのが、現行の主たる表記法となっている。本書はその方法によった（ただし、金田一氏や久保寺氏の表記は現在のそれとは若干異なっており、閉音節表記の場合カ

アイヌ語の表記

ナ文字ではこだわっていない）。アイヌにかかわる文章はそれに倣《なら》うのが当然のはずだが、日本史などまだその方法をふまえていない。誰でもが読める表記ではないからとの理由なのだろうが、アイヌの人びとを歴史研究の対象とする以上、史料どおりの表記のままではいくまいと思うがいかがであろうか。

ある人相書き

天保五年というから一八三四年の八月のことである。蝦夷地松前の獄舎から脱獄した囚人（松前出生久米次郎ほか五人）の手配書および人相書きが、松前藩から津軽藩領内および黒石藩領内に触れ回された。囚人たちが津軽に逃げ込む可能性もあってのことだが、ひとつには脱獄者のなかに津軽びとである鯵《あじ》ヶ沢《さわ》の久三郎、小湊《こみなと》の栄吉が含まれていたせいもある。この囚人たちのなかにひとりの注目すべき人物がいる。以下、その人相書きを読んでみると、

夷人　イチウタ

一　年齢弐拾五六歳

一　顔長き方

一　色赤き方

一　鼻大き方

一　眉《まゆ》一文字なり
一　耳ニ穴有
一　右耳はさけ候跡有
一　碁盤嶋《ごばんじま》むじり着
一　板〆襦袢《いたじめじゅばん》
　　　　但し、袖浅黄縮緬《ちりめん》にて

夷人《いじん》イチウタ、とあるからもちろんアイヌの青年である。アイヌの青年がどうして松前の獄舎にとらわれていたのか、興味深いところであるが、この手配書からはなにもわからない。

ところで、イチウタの人相書きにはどのような特徴が記されているのであろうか。かれの人相書きと、他の脱獄者、ここでは小湊の栄吉のそれとをくらべてみよう。

　　津軽小湊出生　栄吉
一　年齢三拾四五歳
一　顔長き方
　　但《ただし》　色白き方、疱瘡《ほうそう》の跡有之《これあり》

一　前歯弐枚斗無之候《ばかりこれなくそうろう》
一　耳常体
一　鼻常体
一　脊五尺四寸位
一　中肉之方
一　言舌はやき方、尤《もっとも》松前言葉入交《いりまじ》り
一　着類不分

とある。いずれも年齢、容貌のみかけ上の特徴である顔色、目、耳、鼻、背の高さ、からだつき、ことば、衣類などについてふれている。

イチウタの特徴

ただ、栄吉が耳、鼻とも常体と記されるに対して、イチウタの場合は耳に穴があったりとか、右耳が裂けたあとがあるなどして、きわだった特徴が記されている。

イチウタの耳の穴は、アイヌ文化特有の装身具である耳飾（ニンカリ　ninkari）をつけるためにあけたものであり、右耳が裂けたあとがあるというのは、おそらく耳たぶであって、それはニンカリの重さで自然に穴が下にひろがってついに裂けたのである。ニンカリは男女ともに用いるが、身につけるには現在のピアスのように耳たぶに穴を穿って装着しており、しかもそれ自体、比較的自重があるため、つけつづけると、ときに耳たぶがニンカリの重さで裂けたりすることがある。イチウタはほかに「眉一文字」があげられており、津軽に逃げ込んだ場合、他の脱獄者にくらべると目立つ風貌かもしれない。

イチウタはたとえば、栄吉の特徴となっている「言舌」についてはふれられていない。栄吉の「松前言葉」はこの場合、松前方言をさしているのであろうし、同様にほかの脱獄者たちも「言舌和にてさわやか」だの「言舌軽き」だのとしるされているのに、イチウタはどのような言舌であったのか、日本語それも松前ことばであったのか、あるいはアイヌ語というきわめて特徴的なことばを話していたため、あえて記す必要もなかったのか、この人相書きからはわからない。また、イチウタの髪かたちについても言及されていない。髪かたちは、たとえばシャモ風に髷《まげ》を結っていたのか、あるいはアイヌ風の蓬髪《ほうはつ》であったのだろうか。ほかの脱獄者たちの着物は「地白中形之単物」とか「木綿三嶋綿入」とかであるが、イチウタは「碁盤嶋のむじり」と「板〆の襦袢《じゅばん》、但し、袖浅黄縮緬」を着ていることが記されている。むじりとはもじり袖《そで》の衣服一般をさす「もじり」のことであろうから、これもシャモ風の衣服をまとっていることを示唆するだけで、これといった際立った特徴が語られているわけではない。

人相書きの背景

ところで、この人相書きには、いくつかの疑問点がある。というのは、このアイヌの青年がどのような法例にふれたかはしらないが、シャモの、それも松前の牢獄にいれられたこと、牢破りの事情は詳《つまび》らかにしないが、イチウタはシャモと同房であったらしいこと、縞《しま》木綿衣に襦袢というシャモ風の衣服をきていること、アイヌ的な身体特徴にふれながらも、髪かたちや髭《ひげ》、あるいはことば（アイヌ語の存在）といったものにいっさい言及していないこと。「夷人」とあるだけで、イチウタの出生地を明記していないこと、などである。

ほかにも問題点はあるが、この場合のイチウタは、どういう存在であったろう。まず考えられるのは、シャモ地における鰊《にしん》漁場の労働力として浜に下ろされたアイヌのひとりであったということであろう。江戸にもない春の賑わいを謳歌したこの地方の鰊漁には人手はいくらでも必要とされたし、実際、漁場の労働者として働いているアイヌを描写した絵はいくつもある。それと自分稼ぎが許されたアイヌのひとりであったかもしれない。もしかすると、この時期、村並みになった場所にあるコタンの成員で、シャモのなりに改俗をしたアイヌなのかもしれない。改俗《かいぞく》してシャモ並みになってもアイヌはここでは身分的には「夷人」であったが、しかし、シャモの法例の適用を受ける存在であったとみていいのだろうか。ちなみに改俗というのはシャモ風に風俗を改めた（改めさせられた）アイヌをいう。

これよりわずかに二十数年をさかのぼる一八〇八（文化五）年のころ、シャモ地と境界を接するところでも、「たまたま夷人村落に雑居するもの有といへども、婚姻を結はず、かたく故俗を守りて移ることをしらず」（『渡島筆記《わたりしまひっき》』）という状況であったことを考えれば、とてつもない変化であるというべきか。

片々たる人相書きであるが、天保という時期のシャモとアイヌの複雑な関係を探るうえで、いろいろとおもしろい情報を提供してくれるようだ。さらにいえば、これまでのステレオタイプ的なシャモとアイヌとの関係の修正をせまるような資料であるかもしれないのである。

アイヌの衣服

アットウシ——ある固有文化論

固有の衣服

かつてアイヌの「固有の衣服は左衽《さじん》（左まえ）であった」という強硬な説が提示されたことがあるが、はたしてどうだったろうか。そもそもアイヌの人びとにとって「固有の衣服文化」とはどのようなものだったのだろうか。そのあたりのことを考えてみることにしよう。

アイヌ文化はシャモの大ざっぱな観察においてさえ多様な面をもっている。そうしたなかにあって、これがアイヌ文化だと特徴的なものを提示するのはむずかしいし、また、その発生の問題を議論するのはもっと困難である。

たとえば、巷間、アットゥシがアイヌ固有の衣文化である、という認識が定着しているのはまぎれもない事実である。たしかにアットゥシはアイヌの衣文化を代表する衣服であることについては問題がない。ただ、それがアイヌ文化固有のものであるかという観点からすると多くの疑問がわいてくる。

左衽を論ずる前に、この「固有の衣服」についてみておく必要がある。それにはまず、アットゥシをはじめ、アイヌの衣文化について語るのがやはり順序であろう。

アイヌの衣文化

すでに語りつくされた感があるが、アイヌの人びとが用いていた衣服を分類しておくことにしよう。それには秦檍麿《はたあわきまろ》が撰述し村上貞助《ていすけ》、間宮林蔵《まみやりんぞう》によって一八二三（文政六）年に完成された『蝦夷生計図説《えぞせいけいずせつ》』「衣服の部」によるのがもっともよい。秦檍麿はアイヌの衣服を九種（ジツトクを一とする）に分類する。

(1)　異文化からもたらされたもの

①　大陸渡り

ジツトク　蝦夷錦《えぞにしき》

②　シャモ渡り

ジツトク　錦繡《きんしゅう》にて製し、形陣羽織《じんばおり》の如《ごと》きもの

シヤランペ　古き絹の服

チミツフ　古き木綿の服

(2)　アイヌ自製のもの

①　上品のもの

アツトシ　ヲピウといへる木の皮を剝て……糸になし織事なり

イタラツペ　モヲセイ（など）四種の草を……糸となし織事なり

②　下品のもの

モウウリ　水豹《あざらし》（海豹）の皮にて造りしもの

ウリ　獣皮にて造りしもの

ラプリ　鳥の羽にて造りしもの

ケラ　草にて造りしもの

秦檍麿はジツトクおよびシヤランペ、チミツフは「得がたき品ゆへ殊《こと》の外《ほか》に重んじ、礼式の時の装束」であって、これにつぐのがアツトシ、そしてモウウリ以下は「礼服に用る事をかたく禁」じていると説いている。つまり、礼式のさい、ジツトク、シヤランペ、チミツフを持たないアイヌはアツトシを着用し、「鳥羽、獣皮等にて製せし衣はかたく禁断して服用することを許さ」ないのである。「得がたき品」を珍重して礼装の第一に据えてはいるが、秦檍麿は基本的にはアツトシ、すなわちアットゥシが衣文化の核にあるということを述べている。このことはまた、アイヌの衣文化の成りきたった由来を示していると考えてよい。かれが「かたく禁」じているとしたモウウリは蝦夷地のアイヌの衣文化のなかでは下手《げて》なものとみられていたのである。いわばアットゥシ以前と以後の衣服の存在である。下品なものはアットゥシ以前の衣服ということになる。

　ここで簡単に解説をくわえておくと、ジットクは日本語の「拾得《じっとく》」から借用されたもので絹製品をいう。とくに蝦夷錦はマンチウコソント manciw-kosonto ともいわれ、清《しん》朝の竜文《りゅうもん》衣服がナーナイ、ウリチなどを通じて樺太アイヌにもたらされ、やがてシャモに渡ってきたものである。ひとはこれを蝦夷錦と呼んで珍重した。それとは別に秦檍麿はシャモ出来の陣羽織《じんばおり》などもジツトクと呼んだ。

　シヤランペはサランペ sarampe のことで、紋付や小袖などの絹製品をこう称した。チミツフはチミプ cimip（われら・着る・もの）のこと。チミプ自体は衣服全体をあらわす普通名詞であるが、秦檍麿は日本文化の木綿衣の称として用いている。いうまでもなく古着である。アツトシはアットゥシのこと。イタラツペは樺太アイヌの靭皮《じんぴ》衣レタラペ retar-pe のことである。モウウリはモウル mo-ur でアザラシの裘《かわごろも》（皮衣）と説明しているが、後には女性の一部式の下着のことをいう。ウリはウㇽ ur で裘のこと、ラプリはラプㇽ rap-ur（羽・裘）で水鳥の羽毛を縫い合わせた衣服、ケラ kera は草を編んで作った衣服。このなかでケラのみがその存在を確認する伝承例がない。ケラに近いものとしてはドイツのライプツィヒ民族学博物館にラプㇽと組み合わせたものがたった一例伝えられている。なお、秦檍麿はなぜか魚皮衣（チェプㇽ cep-ur）の存在を伝えていない。

ところで、秦檍麿がアイヌの衣文化の核に据えたアットゥㇱとはいかなる衣服なのであろうか。

アットゥㇱとは

トナカイがアイヌ語起源であることを知らない人は多いが、その語は広く知られている。それを除けば、アットゥㇱはもっとも人口に膾炙《かいしゃ》したアイヌ語といえなくもない。かつては「アッシ」などと発音されることもあり、「アトゥシ」と記されたこともあったが「アットゥシ」の表記が一般的となっている。

ところで、このアットゥㇱは、知里真志保《ちりましほ》『分類アイヌ語辞典　植物編』（一九五三年）に「厚司を attus（北海道）或いわ axrus（樺太）とゆうのわ、たぶん at-rus（楡《にれ》皮・衣）の義であろう」と説明されることから理解されるように、オヒョウやシナなどにれ科の植物の靭皮《じんぴ》で織られた衣服である。樺太ではアㇵルㇱ axrus のように発音される。

アットゥシはアイヌ文化を代表する存在として知られながら、アイヌ文化のなかでじつはこれほど疑問の多い衣服はないのである。疑問点を述べる前にまず、アットゥシの一般的形態から説明しておこう。

一般的なアットゥシの形態

アットゥシ（ここでは樺太アイヌのレタラペをも含める）は、素材からいえば、オヒョウを主体とした木の靭皮（甘皮）繊維を織った布またはそれで作り出した衣服であり、レタラペはいらくさの内皮を利用している。『アイヌ民族誌』によってアットゥシの素材を整理すると、つぎのようになる。

(1)　にれ科
①おひょう（アッ at）。おひょうだも（オピウ opiw）とも。
②はるにれ（チキサニ cikisani）。あかだも（ニカップニ nikap-ni）とも。

(2)　しなのき科
①しなのき（ニペシ nipes、シニペシ sinipes）
②おおばだいじゅ（ヤイニペシ yaynipes）

(3)　にしきぎ科
①つるうめもどき（ニハイ nihay、ハイプンカル hay-punkar）

(4)　いらくさ科

①えぞいらくさ（モセ mose、ハイ hay、イピシシプ ipisisip）

②むかごいらくさ（ポンイピシシプ pon-ipisisip、カパイ kapay）

また、織り組織はすべて平織り（図6）で、おおむね糸に強い縒《よ》りをかけない。ただしレタラペは素材であるいらくさの内皮繊維に縒りをかけるが、これはいらくさはかなり細い繊維となるせいである。わたくしはつるうめもどき製のアットゥシをいまだにみたことがないから、はっきりといいきることはできないが、それも繊維が相当に細いから縒りがかかっているはずである。

これを地機《じばた》を用いて織った布（これもアットゥシという）をさらに直線裁ちして単衣《ひとえ》に作る。縫い方はかがり縫いである。

この着物は形態的には下衣（袴・もんぺなど）を用いない一部式衣服（長着）であり、衽《おくみ》のない半纏《はんてん》式襟《えり》で巻き袖《そで》（もじり袖もしくは筒袖）、まれに平袖に仕立てられている（図7）。織り糸もしくは布地そのものを染めることは少なく、おおむね自然発色であり、袖口や襟、裾《すそ》、背にはアップリケ文（切伏せと縫い取り刺繡）が施されている。

しかも綜絖《そうこう》が一ヵ所だけという織機の構造上の問題もあって、縦縞《たてじま》以外に地文様を織り

図6　アットゥシの織り組織（平織り）

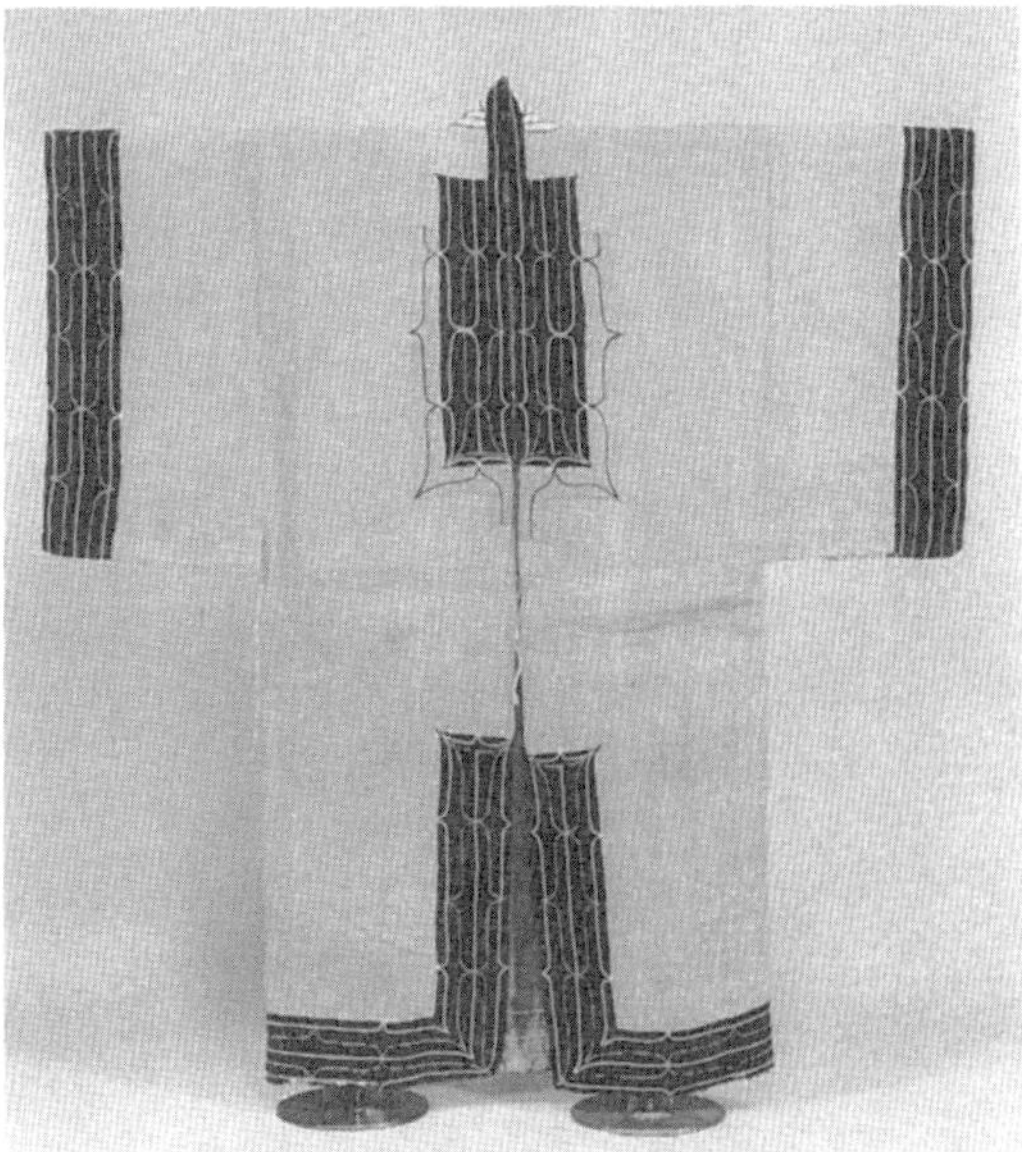

図7　平袖のアットゥシ（東京国立博物館保管）

込むこともない。布幅は三四ないし三八センチくらい、布厚は一ミリ程度。アットゥシには男女差を明確にわける指標がなく、特別な場合を除き、帯はおおむね用いないが、胸紐や腰紐をつける場合もある、などがその特徴としてあげられる。

耐水性などにすぐれてかつ丈夫なこと、施文に異国情緒が感じられることなどからシャモの間で珍重され、とくに漁師や船頭の衣服としても用いられていたし、歌舞伎役者も用いている。また、アットゥシからの発想で、厚地の木綿織物「厚司《あつし》」がシャモによって作り出されてもいる。

アットゥシの諸型式

このような特徴をもつアットゥシであるが、その型式はもちろん一様ではない。ここで簡単な型式分類をしておきたい。地域差を無視した、いささか乱暴なものであることをあらかじめお断りしておく。

まず、I類である。これは基本的に無地で黒または紺の木綿裂《きれ》で襟がつけられる様式のもので、おおむね刺繍はともなわない。これを細分してAとBの二タイプに分ける。I—Aは無地に黒または紺の木綿襟で袖口、裾廻りに細い覆輪《ふくりん》が施されるものを含む。I—Bは無地に黒または紺の木綿裂で襟をつけ、同じ裂で袖口、裾廻りに幅広の覆輪もしくは細い切り伏せを施すものである（図8）。

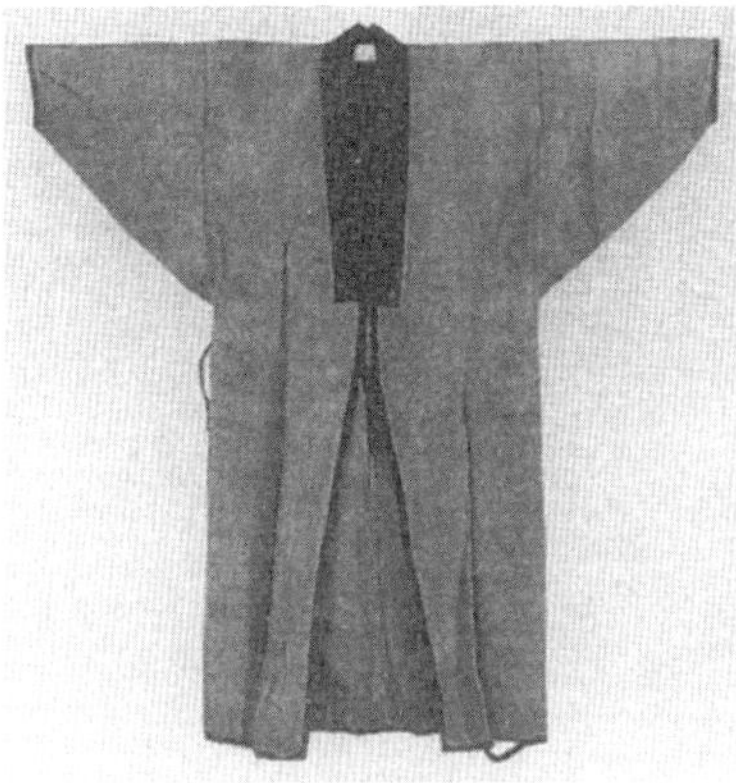

Ⅰ類A前

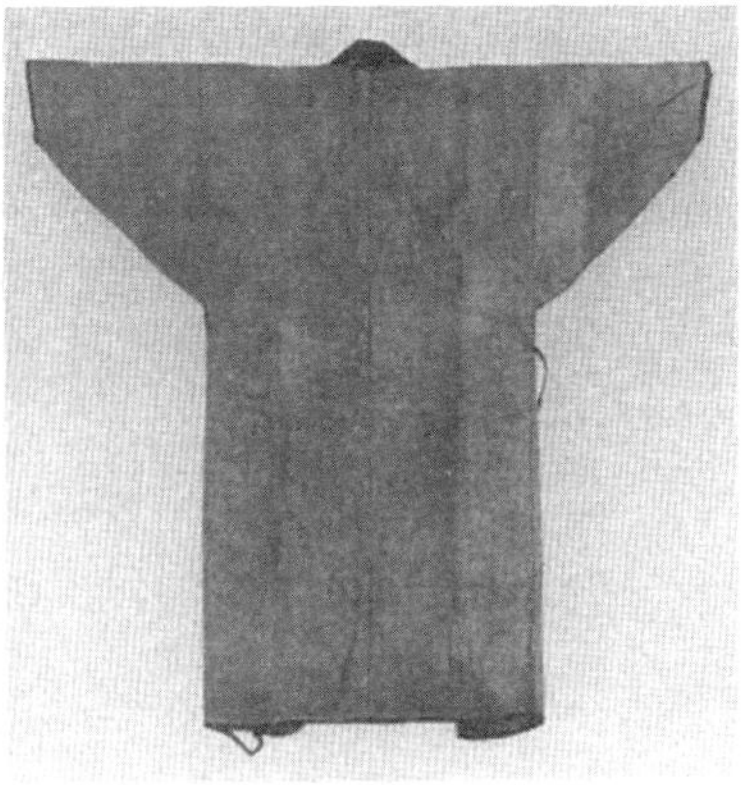

Ⅰ類A後

Ⅰ類B前

Ⅰ類B後

図8　アットゥㇱⅠ類Aタイプとアットゥㇱ Ⅰ類Bタイプ
（『アイヌの衣服文化』展図録による）

II類は前面の襟上部と襟下部、袖口と裾とに木綿の裂による切り伏せをおき、刺繡をしたもので、背面は上部襟下に比較的小さな木綿裂の切り伏せをおき刺繡を施したもの（図9）。

III類はこれと並行する樺太アイヌのレタㇻペやアㇵルㇱ（図9）。

IV類は前面と背面に派手な切り伏せ文を施す、シーボルト・コレクション中のアットゥシや『蝦夷生計図説』にみられるような、一八世紀から一九世紀初頭のタイプ（図10）。

そしてV類は木綿の糸が縦縞として織り込まれたもので、縞のほかに前面や背面に非常に派手なアップリケを施したタイプ（図10）。

VI類は、さらにV類を展開した形態で、今までは細いリボン状の木綿裂を切り伏せていたものが、大きな木綿裂を切り抜いて貼付けるようなタイプ（図11）。

以上のように分類しうるが、樺太アイヌのIII類を除いておおむね五タイプに考えられよう。そしてこれら切り伏せによる施文法は木綿裂の入手過程と軌を一にし、ある程度の時間的変化をあらわしているとみていいと思う。さらにいえば、刺繡の技法をみると、I類・II類は絡み繡《ぬ》い（フランス刺繡のコーチングステッチによく似た繡い方）が比較的多く見られ、まれに鎖繡い（フランス刺繡のチェーンステッチによく似た繡い方）が認められる。これに対してV類・VI類は鎖繡いが主たる技法となってくる。

53　アットゥシ

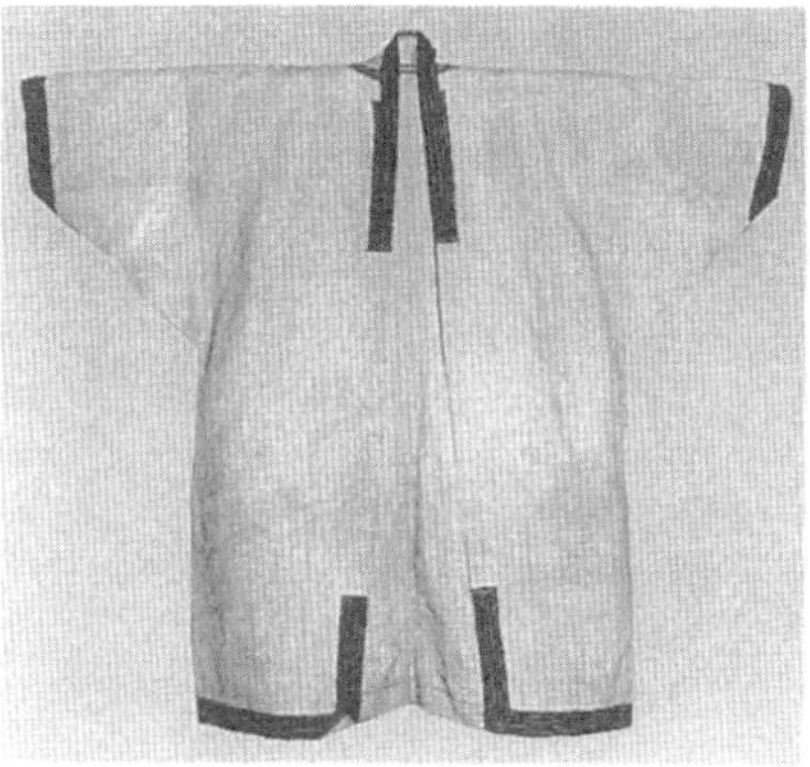

II類前

II類後

III類前

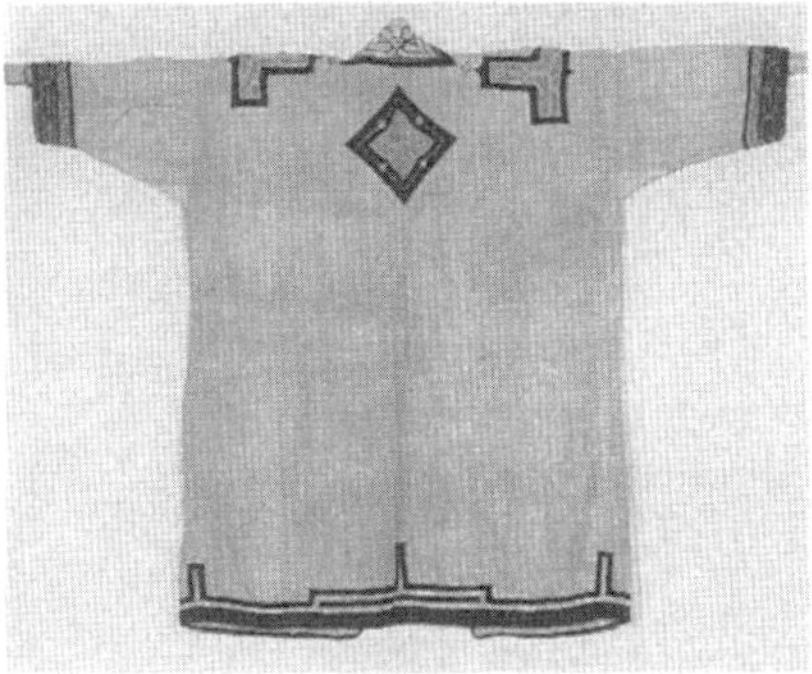

III類後

図9　アットゥシII類・III類（『アイヌの工芸』展図録による）

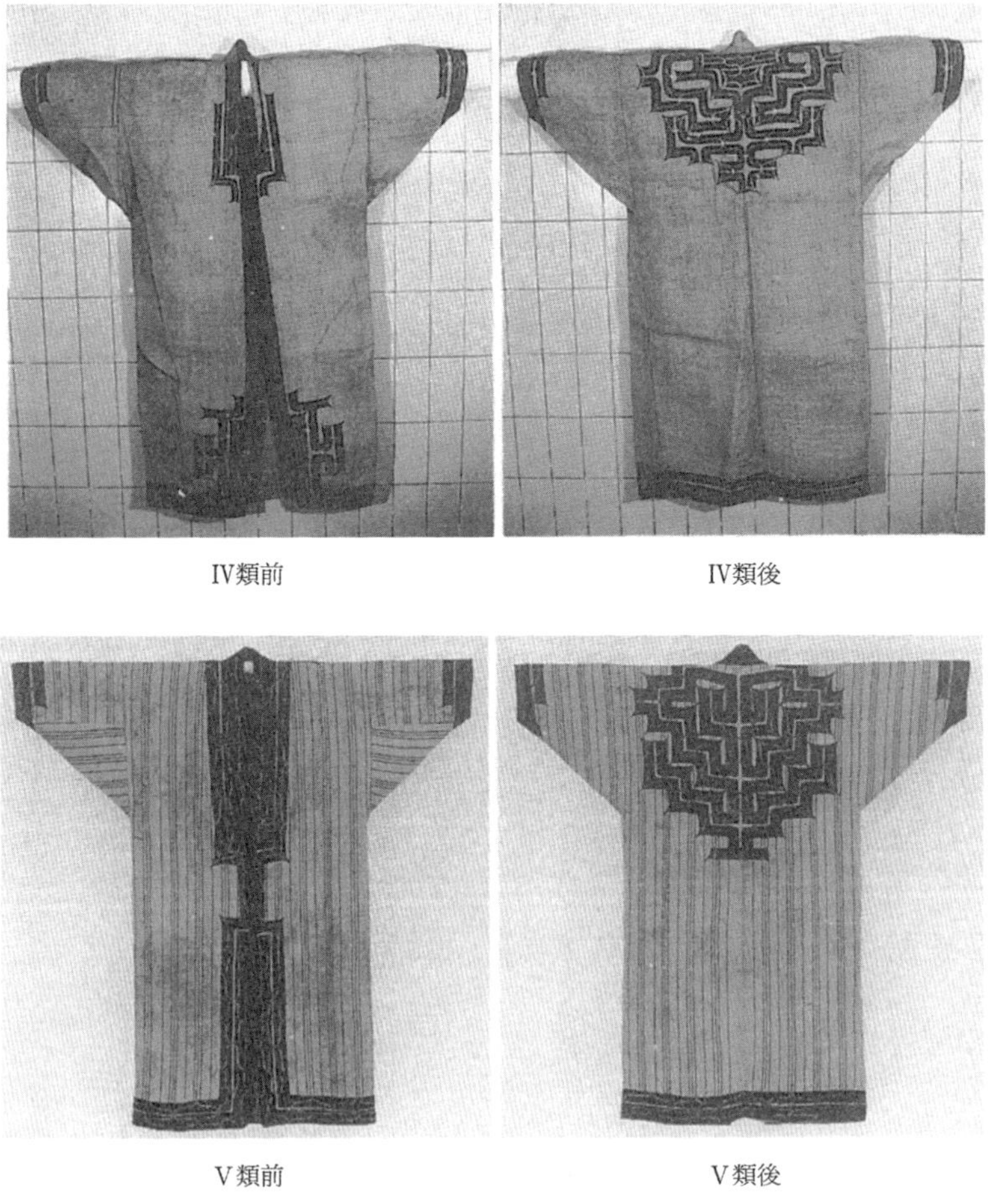

IV類前　IV類後

V類前　V類後

図10　アットゥシIV類（シーボルト・コレクション）・
V類（『アイヌの衣服文化』による）

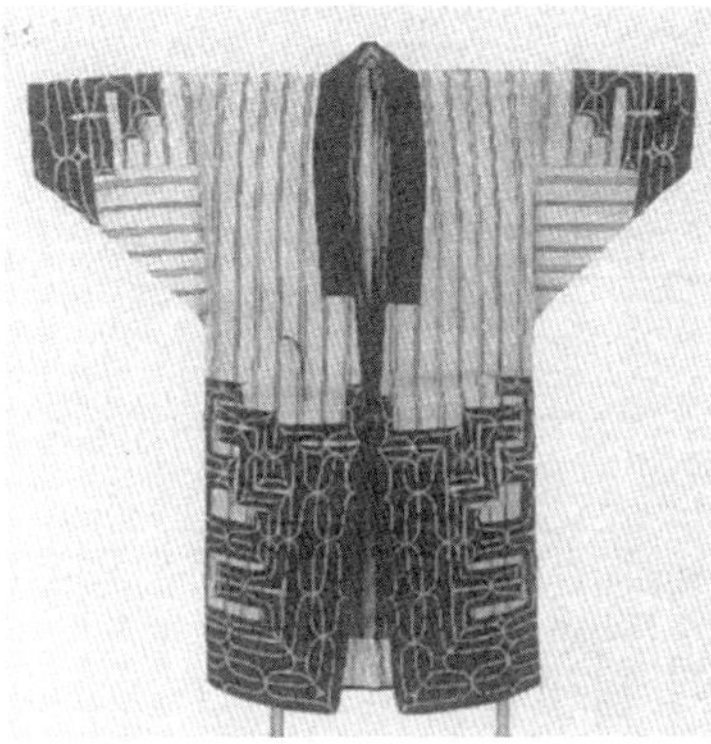

VI類前

VI類後

図11　アットゥシVI類（『東京国立博物館図版目録』による）

図12　新潟県山北町のフジ布製の労働着
（『もめん以前のこと展』図録による）

以上のような特徴をもっているアットゥシであるが、アイヌ文化のなかでは、じつは多くの疑問点のある衣服でもある。そのいくつかをあげてみることにしよう。

疑問の衣服

①素材の面からみると、なぜ、広い自生範囲をもち、比較的利用しやすいイラクサではなく、オヒョウのような木本植物の靭皮を繊維としたのか。

②狩猟や農耕など陸上労働に不向きな一部式の衣服としたのはなぜか。生業が船による漁撈のみならば一部式でもいいのであるが。

③上記との関連でいえば、なぜもんぺのような下衣をともなわなかったのか。北海道アイヌの人びとは厳冬期の山猟であっても下衣を用いない。

④形態的に、なぜ衽をつけなかったのか。衽がないために襟の打ち合わせがあまく、すぐにはだけてしまうという短所がある。

⑤衣服に施した文様はアップリケ（切り伏せと刺繡）なのはなぜか。

⑥アットゥシの縞文様は縦糸に織り込んだ縦縞がほとんどである。技法的に横縞は困難であったのか。

⑦刺繡は刺《さし》によるものであって、日本刺繡のような繡《ぬい》がほとんど見られないのはなぜか。

⑧アットゥシははたして左衽であったのか、また、アイヌ固有の衣服であるのか。

以上のように、とりあえず、八項目ほどの疑問点をあげてみた。もちろんこれが疑問点のすべてではない。しかし、アットゥシの本質的な部分を覆っている疑問の主たるものであるといっていい。これらはどのように考えていけばいいのだろうか。

シャモの労働着

これらのことを考える前にまず、津軽海峡の南側、すなわちシャモの衣文化のうち労働着について垣間見ておこう。アットゥシへの諸疑問のある部分の答えがあるいはみつかるかもしれないから。

シャモの労働着をみると、サシコ、サクリ、サキオリ、カナツリ、ヒッカケなど、地域ごとに呼び名を異にするけれども、それぞれ形態のよく似た衣服に出会う。これらはだいたいが半纏襟《はんてんえり》の形態で、巻袖（筒袖もしくはもじり袖）というようにアットゥシと似た形態をもっている。もっとも、こちらは一部式、二部式と両方あり、多くは木綿を用いたもので、いろいろな布裂《ぬのきれ》を縫いあわせ、丈夫に仕立てられたものが少なくない。

素材も木綿のほか、麻、シナノキ（マダ）、クズ、フジ、イラクサ、ゼンマイ、ワラビ、芭蕉《ばしょう》などさまざまな種類の繊維がある。変わったところではクワの靭皮を用いたものもある。

ところで一部式、二部式であるが、被服学ではつぎのように定義している。中村たかを編『日本の労働着』（一九八八年）によりながら概観してみよう。

一部式と二部式

西村綵子氏は小川安朗氏の『体系被服学』を引用しながら「上部は上肢と体幹部とであるからこれを覆う衣服は上衣、下部は下肢であるからこれを覆う衣服は下衣となる。上衣と下衣の分離したものは二部式、連続したものは一部式という」と述べる。被服学はさらにかぶりもの、手覆い、脚絆《きゃはん》、前掛け、帯などに分け、たとえば手覆いを手甲《てっこう》と手袋のように細分したりする。

そして、日浅治枝子氏は「労働着」を定義して「各種の労働を行なう際に着用する被服一般」であるとし、とくに農民の労働着についてのさまざまな工夫をあげている。その第一は機能性であり、第二は経済性であり、第三は装飾性であるとしている。これらの工夫がたとえば風土と作業に適した袖の形態を生み、たとえば麻やクズなどの野生繊維を用い、たとえば刺子やサキオリを作り、接《は》ぎ合わせや刺繡などに美意識を示したという。日浅氏はかさねて、農業労働着について「関東を中心として北陸、東北地方では、男女ともに上衣と下衣に分かれる上下二部式の構成がおもであった……上衣は半襦袢《はんじゅばん》形態で、

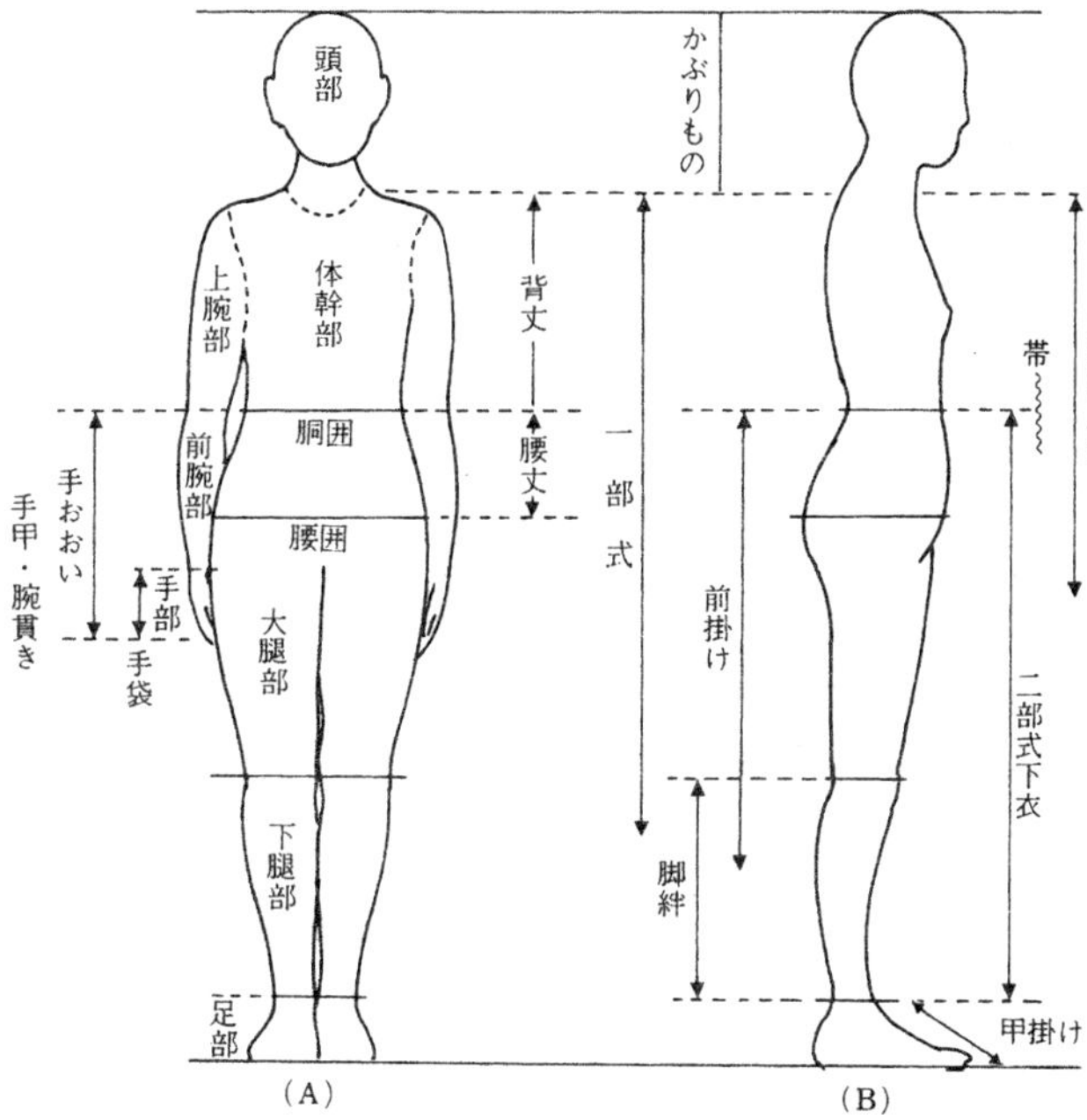

図13　人体の被服部位（『日本の労働着』による）

衽《おくみ》はなく、着丈は膝上までの長さである。袖は筒袖もしくは半袖がおおく……衿は、関東一帯では身頃《みごろ》と共布《ともぬの》を用いたが、黒・紺木綿の別布を用いる地域もみられた。……関東以西の地域では男性は日常着の悪くなった長着を野良着に転用した。長着を着用してへこ帯をしめ、後ろ裾にからげた。下衣は大半が股引《ももひ》きを着用した」と説いている。日浅氏は大阪の国立民族学博物館が保管する旧アチックミューゼアム収集の労働着について述べたものであるが、おおよその傾向を示している。

いま一度、西村氏の記されたところに従うと、労働着の上衣は、

A型　身頃、衿、袖で構成されているもの

B型　身頃、衽、衿、袖で構成されているもの

と二分して整理される。そして二部式の上衣の形状の特色は「衽がなく、単《ひとえ》仕立てのもの」が多く、一部式では「衽のあるものとないものと」があるという傾向がみてとれる。

この衽について「本来きものの前を合わせ易くするために付けるもの」であるが、労働着の場合は「仕事によっては、前の重なりが少ない方が活動的でよいことが多いため、縫製上の省力化とあいまって衽なしが多かった」という。このへんの形状の違いについてはアットゥシと和服とを図14に示したので比較していただきたい。そして労働着のうちフジ

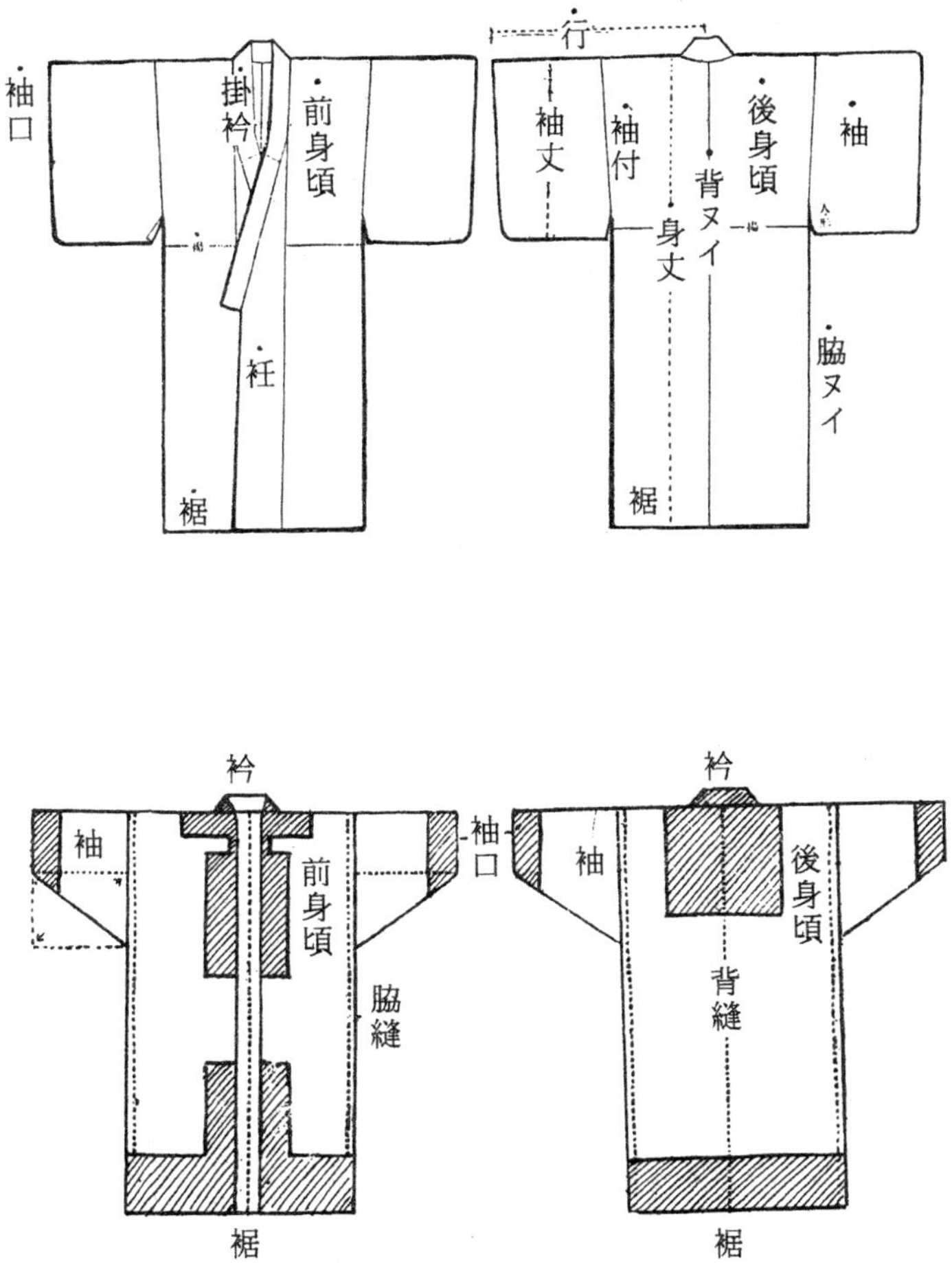

図14　和服（上）とアットゥシ（『アイヌ芸術』による）

布製のものもあわせて示した（図12）。

労働着についての概要が理解されたであろうか。これまでみてきたことからわたくしが指摘したい点は、まさにシャモの労働着の形態はアットゥシのそれと深いかかわりをもっているということなのである。

アットゥシはアイヌ固有か

さて、アットゥシである。アットゥシは形態的には、日本列島の各地に分布する労働着、とりわけ一部式のうち衽のないものと一致している。わたくし自身、ヨーロッパ、アメリカ合衆国、そしてロシアといった地域に保管されているアイヌの物質文化を相当数見てきている。そのなかに二部式のアットゥシないしは成人向けにつくられた短い丈（短着《みじかぎ》）のアットゥシに出会ったことがない。おそらくは伝存例は一領もないといいきっていいだろう（ドイツの博物館や根室の個人蔵に短着のアットゥシがあるが、これは広袖で、シャモの船頭用に仕立てられたものなので、この場合参考にはならない）。ということは、アイヌの人びとは二部式のアットゥシをもっていなかったのであり、少なくともアットゥシを発明してからはそうである。

農作業や山猟にもっともふさわしい、きわめて行動的・機能的な形態である二部式のアットゥシをもたなかったということは、アットゥシは山猟を生業の第一としていた時期につくられた衣形態ではないと考えていいだろう。

そして一部式の労働着はといえばシャモの漁師において、とりわけ舟をあやつるものたちの衣服であった。アットゥシはこうした労働着とかかわりが深い。

交易のために北を指してくるシャモの舟子たちが身にまとっていた労働着の形態がアイヌ文化に摂取された。あるいは南下してシャモの港にはいったアイヌの交易船ともっとも接触が多かったのは舟子たちであった。実際に、一部式の衣服は舟、もしくは海上での労働にはよくかなっているのである。たとえば、『一遍聖絵《いっぺんひじりえ》』（図15）にはいく人かの舟人や筏《いかだ》引きなど水運労働に従事するものたちの描写があるが、その多くは一部式の労働着を身にまとっている。この衣服の機能性が、本来交易の民であったアイヌの人びとにはきわめて新鮮に写った。となれば、それを摂取するのにそう時間はかからない。

アットゥシは、その形態からいえば、シャモとの頻繁な接触によって生みだされた衣服――いいかえればシャモの文化影響を強く受けた衣服であって、アイヌ文化の初源から伝承された衣服であるという必要はない。「固有」という語をどう解釈するかによって異なるが、もし、それを「文化の初源から伝承されていたもの」と解釈するのであれば、その意味においてアットゥシはアイヌ文化固有の衣服とはいいがたい。とはいえ、アットゥシはシャモの文化影響を受けながら、アイヌ文化において高度に発達した衣服であることは間違いなく、その意味ではきわめて伝統的な衣服であることは論をまたない。

では、アイヌ文化の初源に連なる衣形態とはどういうものであったろうか。衣服の分類については先に秦檍麿の記録によって概観し、その由来についてある可能性を示唆しておいたが、わたくしたちはここで、ある著名な著作物に記された例に注目する必要がある。

容貌異俗に類す

間宮林蔵が著した有名な書物に『北夷分界余話《ほくいぶんかいよわ》』というのがある。『北蝦夷図説』との書名で流布しているものもあり、平凡社の東洋文庫にも集録されているので比較的目にしやすい本である。いうまでもなく林蔵がおこなった樺太（北蝦夷）見分の報告書的な性格をもっている。その巻之三に「容貌類異俗」と記された挿図がある。冬の山道で毛皮の衣服をまとったアイヌの男がストー（suto スキーの形態をしたかんじき）を履《は》き、山杖をもって小手をかざしているさまを描いている（図16）。それにつけられた説明によると、

奥地に至るに随《したがい》て人物何となく南方初島《なんぽうしよとう》の夷と少異にして、其《その》顔色容貌、自然に殊俗《しゆぞく》の夷風を移せり。故に冬月の頃、犬皮の衣を服し水豹のケリをつけ熊皮の巾を蒙りたる様は、異俗の者とあやしむ事多しと云。

図15　海上での労働着（『一遍聖絵』）

図16　「容貌類異俗」（川原慶賀『樺太風俗図』東京国立博物館）

極寒の地なるが故に島夷長少となく、総て魚獣の皮を以て襌子《びし》、脚絆《きゃはん》、革履の類を製着す……。

とある。

ここで「南方初島の夷」とは樺太アイヌを指している。「初島」は蝦夷地からみての第一島ということで、その南方、すなわち樺太南部の意味で使われている。「異俗の者」とは樺太北部のニヴフ、ウイルタなど周辺の諸民族をさしている。

つまりこの大意は、「樺太の奥地に行くにしたがって、南のアイヌとは顔色や容貌にどことなく違いが感じられる。これは自然に異域の風俗を移しているからだろうか。だから冬の季節に、犬皮の衣服を着、アザラシ皮のケリ（長靴）をはき、クマ皮の頭巾《ずきん》をかぶったさまは、ニヴフなど（アイヌと）習俗を異にする者かと怪しむことが多いという。極寒の土地だから、ここのアイヌは長幼の別なく、すべて魚獣の皮でももひき、脚絆、皮靴のたぐいをつくって着るのである」ということになろうか。

襌子はオポンペ oponpe という股引《ももひき》の一種のことであり、この男は冬服として犬皮の上衣とオポンペを組み合わせた二部形式の衣服を身につけている。

ニヴフ、ウイルタなどの人びとと境を接している樺太アイヌは、その衣文化の影響を受けて魚皮や獣皮の衣服などを身につけているという林蔵の指摘である。アイヌ文化を見慣れた林蔵であっても、なお、奇異な感じをいだき、記録しているということは、この服装はもはや北海道アイヌには伝承されていない形態の衣文化であったといっていい。林蔵のこの見分は一八〇九（文化六）年のことである。

最古のアットゥシ

このあたりの事情を探るには、アイヌの衣文化が記録としてどこまで遡れるかにかかってくる。確実な年代が知れるものでは一六八八（元禄元）年の水戸藩の調査による記録で、俗にいう『快風丸記事《かいふうまるきじ》』（これは主として石狩川河口のアイヌの人びとの見聞記である）に

小袖ハ木ノ皮ニテ折タルモノハギ切ニ仕立ル……

とある。小袖というのは日本文化の中のそれで、当時の衆庶が着ていた袖を搾《しぼ》った着物のことだから、ここのアイヌが着ていたものもその形態をとっていたことがわかるし、さらに「木ノ皮ニテ折タルモノ」とあることから、形態・素材ともにアットゥシ同様のものであったと確認できるようだ。

ところで、年代のわかるものでこれより古いシャモの記録はないが、時期が推定できるものに『蝦夷島記《えぞとうき》』がある。高倉新一郎氏により天和元（一六八一）年とされている。そ

のなかに、「松前近所の蝦夷」は「日本人の著古したる木綿」を着ているが、奥蝦夷のアイヌは「熊の皮、鹿の皮、獣の皮を着、或はしなと云《いう》木の皮にて織りたる布を著」ているという。

このほかキリスト教の宣教師たちの記録が残されているが、児玉作左衛門氏によれば（『明治前日本人類学・先史学史』一九七一年）、ルイス・フロイスの一五六五年の記載では「動物の毛皮」を着ているとあり、一五九一年のイグナシオ・モレイラの記録では「獣皮」を着ているとあるだけで、アットゥシにかんしては記述されていない。児玉氏はアットゥシはこの時期に当然存在したものとして議論をすすめていられるようだ。文献的には『蝦夷島記』の記事にみるように一七世紀という時期がアットゥシのひとつの画期であったとはいえないだろうか。ただし、絵画資料では、一四世紀初頭以降に多く描かれる『聖徳太子絵伝』の「十歳蝦夷降服」図にはアットゥシやケラ、ラプルを彷彿《ほうふつ》させる衣服を着た蝦夷の描写が見える（図17）。

エトロフのアットウシ

一七一一（正徳元）年の漂流記（『エトロフ島漂流記』）には、エトロフアイヌについて、つぎのような記述がある。

人の形は色黒く、せい高く、眼すさまじく、両眉《まゆ》はへつゝき、鼻高く、髭《ひげ》

図17　「十歳蝦夷降伏図」（旧堂本家本『聖徳太子絵伝』1324年）

はへ、惣身に二、三寸の毛はへ、髪は四方にゆりかぶり、うしろは首通りにて毛を切り、ひたいの上をはんかうのやうにそり、身には鳥の皮、狐の皮を着仕《きつかまつり》有之《これあり》候《そうろう》、……

女は髪を四方へゆりかぶり、後ろは首筋通りにて毛をきり、ひたいは日本のかむろの様にまゆきりに狭み切申候、身にはあしかの皮を着物にいたし、身の内少しも見せ不申候、……男女共衣類は大鳥の皮、狐、らつこ、あしか、熊の皮にて候、裏をなめす事なく、はぎ候まゝにて袖ぼそに仕立着用仕候……猟に出、海に入候節は、あつつふしと申物木の皮にて組たるを下帯の上に巻て見せ不申候、女の衣類はむねよりすそまで縫通しにて候、子供に乳を呑せ候時は裾よりむねまで衣の内をさしあげ呑せ申候、若《もし》むねをあけ乳を呑せ候時は、袖を覆ひ外より少しも身の見へぬやうにいたし候、木の皮をさき糸にして、おさにてはたを織候、子供の着物は大方犬の皮にて候、

とくに「猟に出、海に入候節は、あつつふしと申物木の皮にて組たるを下帯の上に巻て見せ不申候」の記載は「あつつふし」すなわちアットゥㇱの存在を語っており、木の皮を裂いて糸にして筬《おさ》を用いて機《はた》を織ると、その製法についてもふれている。とくに「猟に出、海に入候節は」アットゥㇱを着るという報告は貴重である。さらに面白いのは「女の衣類

はむねよりすそまで縫通しにて」とある、女性のワンピース状の下着であるモウㇽ mour が用いられている記述である。また獣皮をなめさないで用いる記載もみのがしがたい。

エトロフではないが『蝦夷志《えぞし》』は東北夷すなわち千島アイヌの衣服について「男子ハ被《ひ》髪長鬚《はっちょうしゅ》、耳ニ銀鐶《ぎんかん》ヲ穿チ、熊皮ヲ被テ衣トシ、襯《はだぎ》トスルニ鳥毳ヲ以テス、袖ヲ窄リ長身ニシテ其ノ衽ヲ左ニス」と説明する。すなわち、男はさんばら髪で長い鬚、耳には銀製の耳輪を穿っている。熊皮で衣服を作り、肌着は鳥のむくげ（柔らかい毛）を用いる。筒袖で長衣に仕立て、左衽に着るのであると。新井白石《はくせき》は幕閣にもたらされた比較的精度の高い資料を利用して『蝦夷志』を著した。したがって、その記載は、とりわけ物質文化に関してはその持ち込まれた品物についての描写は信頼度が高い。しかし、風俗描写にかんしては資料性にやや難がある。

これらの記述から、この時期のエトロフでは裘《かわごろも》が主体で、それとアットゥシが並行していたということになる。つまり、一八世紀初頭にはエトロフにまでアットゥシがおよんでいたということで、エトロフを含む東部アイヌ文化圏ではその時期にアットゥシが使用されていたことの傍証である。一八〇九（文化六）年のクナシリでも「夷人衣類は本邦より渡り、木綿古着を重《おも》として、其外《そのほか》アツシ、熊革、水豹《あざらし》革、犬の革等をも着」すありさまであった（「クナシリ場所大概書」『東蝦夷各場所大概書』）。

ウル

ところで、こうした獣皮の衣服であるが、金田一京助氏は「本当の原始的な彼等の衣服はやはりウル（毛皮）であったろう。今でもカプウル（革衣）チェプウル（魚皮衣）ラプウル（羽毛衣）という物語の中のそういう衣服は、総名ウル（衣）であって、婦女子の用いる長襦袢様の褻衣《せつい》（はだ着）はモウル（小衣）と呼ばれている」（『アイヌの研究』一九二五年）と指摘されている。アイヌの人びとは衣服を総称してアミプ amip もしくはチミプ cimip という。いずれも「われらが・着る・もの」の意味である。当然のことながらこのなかには上記のようなさまざまな素材の衣服が含まれる。ちなみに「動物質の皮革類はすべてウル ur 裘であって同時に衣服という意味になつてゐて鴉《からす》やエトピリカ鳥の羽毛を以て造る衣服をラプル rap-ur 即ち羽衣の義……鮭鱒《さけます》の皮の外衣をチエプル chepur は魚皮（衣脱か）又は魚衣……」（『アイヌ芸術』一九四三年）という。この解説も秦檍麿のそれとは大きく異ならない。

林蔵の報告は、一八世紀後半から一九世紀初頭の蝦夷地のアイヌ文化にはすでにみられなくなったものが、樺太には存在していたという事実を示しており、エトロフでは一八世紀初頭の記事であり、ともに金田一京助氏の指摘を裏付けている。

史料としては、さらに検討の余地はあろうが、一六世紀後半の宣教師たちの報告によると「動物の毛皮を着し」た（ルイス・フロイス、一五六五年）とか、「身には獣皮をまとう（イグナシオ・モレイラ、一五九〇年）などといった記事を目にする（児玉氏による）。児玉氏のいわれるように（前掲書）、これらの記事は伝聞もしくは当時のシャモの認識にもとづいたものと考えられるとはいうものの、アイヌの衣文化の一端を垣間見ることができる。

冬季ないし山猟の季節の服装は一部式よりは活動しやすい二部式の服装のほうがより有効であろう。まさに林蔵の観察にあるようなスタイルだ。

エトロフの記述は下衣についてはふれていないが、裘《かわごろも》とアットゥシの場合とで使い分けがあったかもしれない。エトロフアイヌは北海道アイヌの文化圏に属している。だから東部のアイヌ文化も、多少の時間差はあるもののエトロフとほぼ同様な状態であったとみていい。

アイヌの初源的な衣文化、すなわちアットゥシに先行する衣文化はウル ur、すなわち裘であるという先考の言には従っていいようだ。しかもどうやら充分なめし技術をもたないままのもので、一六世紀後半はまさにそうした状況であったろう。

裘をまとっていたアイヌの人びとが、植物繊維の衣服＝アットゥシに切り替えた理由は、まず第一に軽く活動的であること、第二にやわらかく扱いやすいこと、第三に美しいことなどの要因があったことは容易に考えつく。そして、そのきっかけはシャモの舟子たちの活動的な衣服形態に触れたことにあったといえるのではないだろうか。

左衽か右衽か

アイヌの人びとは、これらの裘を左右どちらの襟を上にしていたのであろうか。わたくしは衣服資料を見るとき、襟の打ち合わせにとくに気を配っている。多くの場合、左衽《さじん》とも右衽とも決め難い状態であるが、それでもアットゥシやその形態でつくられた木綿衣のなかには胸紐がつけられているものがあり、その場合、ほとんど例外なく右衽であるし、胸紐はないが襟、前裾《すそ》の施文で打ち合わせが判断できるものも、すべて右衽であった。

裘の場合、ラプㇽは頭から被る貫頭衣型か前合わせ型で左衽でも右衽でもない場合が多い。チェプㇽは右衽もしくは前合わせである。このチェプㇽについては安政三（一八五六）年に樺太を巡見した佐倉藩士須藤秀之助《ひでのすけ》が著した『北蝦夷画帖《きたえぞがちよう》』に詳細な図が収められており、おそらくシャモによって描かれたチェプㇽではきわめて精細なものでほかに比類がない。そしてこのチェプㇽは右衽に描かれている。しかし、それを着て描かれた人物の着

図18　魚皮衣（『北蝦夷画帖』市立函館図書館蔵）

図19　魚皮衣を着ている男（『北蝦夷画帖』市立函館図書館蔵）

衣は左衽なのである（図18・19）。

似たような例に蠣崎《かきざき》波響《はきょう》の『夷酋《いしゅう》列像《れつぞう》』がある。一七八九（寛政元）年のクナシリ・メナシの蜂起にさいして鎮定に功のあった一二人のアイヌのおさたちを描いた作品であるが、そのおさたちは蝦夷錦はじめロシア風の衣服を着るなどの異装をしている。そしてそこに描かれている蝦夷錦はすべて左衽である。ところで、蝦夷錦は本来的には明《みん》ないし清《しん》の官服のことであるから、そのまま交易でもたらされたものならば左衽のものなどはあろうはずがない。アイヌ向けに特注したものならば知らず、しかし、現実にそんなものは存在しない。現存しているものはすべて右衽である。ここにひとつの固定観念をみてとることができる（口絵）。

獣皮衣や羽毛衣は残存例が少なく、中で襟を重ねるタイプのものはさらに少ない。その希有な例をあげると、ロシアやドイツの博物館に伝存されている獣皮衣は前面の施文状態からみると右衽になる。東京国立博物館や白老のアイヌ民族博物館における展覧会図録や千葉大学グループの調査報告書などをみると、一目にして瞭然なのが理解されるだろう。

アットゥシに先行するこれら裘類には左衽のものは存在しないといいきってさしつかえない。

ところで、アイヌの人びとの服制にふれている記録類はほとんどすべてといっていいほど「左衽」であるとする。たとえば、東蝦夷地が幕府の直轄《ちょっかつ》になるさい、蝦夷地御用を仰せ付けられた五有司が会合して蝦夷地の現状を協議したが、そのときの認識は、

元来蝦夷の土人其《その》形ちは五体備りたりといへども人倫の道もしらず、男は髪を乱し、髯《ひげ》をそらず、身にはアツシといひて木の皮にて織たる物を臑《すね》だけに仕立、左衽《きじん》に着し……（『休明光記』巻之一）

というものである。現代の眼からすると、なんともひどい認識であるといわざるをえないが、これが幕閣の共通理解であったことは想像にかたくないし、また、アイヌの人びとを描いた絵画作品は例外なく左衽であるといっていい。

これらのことからアイヌの衣文化の特徴のひとつは左衽であったということになってくるのだが、たとえば『渡島筆記』は「服は左衽、今或は右にするものあり」といい、『蝦夷生計図説』はその増補部分で「其左衽せるをもて戎狄《じゆうてき》の属といわん事尤《もつとも》以て然《しかる》べからず、……左手の便なるものは左衽し、右手の便なるものは右衽せるなるべし、すべて蝦夷のうちまれには誰教るにもあらずして右衽せるもののもあるなり」という。

また、時代ははるかに下るが、「尊き野心の教え」で有名なW・クラーク氏がツイシカ

リ（現在の江別市《えべつ》）に強制移住させられた樺太アイヌの人びとと撮った記念写真には右衽・左衽両様のアイヌが写っている（図20）。

アットゥシに先行する衣服に左衽はない。しかし、アットゥシは、その衽を持たない形態ゆえに左右両様が通行したのであろう。あたりまえのことだが、そのことでアイヌ文化は別段の不都合はなかったのである。ただ、シャモがそれを都合よく利用したというだけにすぎない。

繊　維　ここで繊維について簡単にみておこう。繊維はいうまでもなく細い糸状をした物質のことで、日常生活のうえでは繊維製品の材料となるものである。とくに衣料品の製作には欠くことのできない材料（紡織繊維）である。紡織繊維は大きく天然繊維と化学繊維とに分けられ、天然繊維はまた、

(1)　植物繊維

①種子繊維　綿など
②靭皮《じんぴ》繊維　大麻《たいま》、亜麻《あま》、黄麻《おうま》、苧麻《ちょま》、藤、葛《くず》など
③葉脈繊維　マニラ麻など
④果実繊維　ヤシなど

図20　樺太アイヌとW・クラーク博士

(2)　動物繊維
①獣毛繊維　羊毛、ラクダ、カシミヤなど
②絹繊維　家蚕《かさん》絹、野蚕《やさん》絹
(3)　鉱物繊維　石綿

となる。このなかでアイヌ文化と深くかかわるのが靭皮繊維である。

靭皮衣

日本列島の靭皮衣について、外皮や葉脈を用いたものも含めてもういちどみておくと、有名なものでは琉球の芭蕉布《ばしようふ》がある。麻は広く分布しているし、太布、藤布、葛布、上布《じようふ》などは有名である。ぜんまいで織った布があるし、しな布がある。しな布は「まだ」布ともいう。そしていらくさがある。

わたくしが伊能忠敬《いのうただたか》の『九州沿岸図』の調査で鹿児島県の甑島《こしきじま》を訪れたとき、そこの民俗資料館でみた芙蓉《ふよう》の布に吃驚《びつくり》したことがある。芙蓉から繊維がとれるのかという素朴な驚きであった。同様なことは、わたくしが勤務している東京国立博物館の琉球資料にもいえる。その収蔵品のなかに先島《さきしま》諸島水納島《みんなじま》産の桑布《くわふ》がある。桑である。絹の間違いではない。桑の靭皮からとった糸で織った紛れもない布である。沖縄県の友人たちのだれかれに話してみたが、もちろん、沖縄でそんなものがあるはずがないだの、聞いたことがない

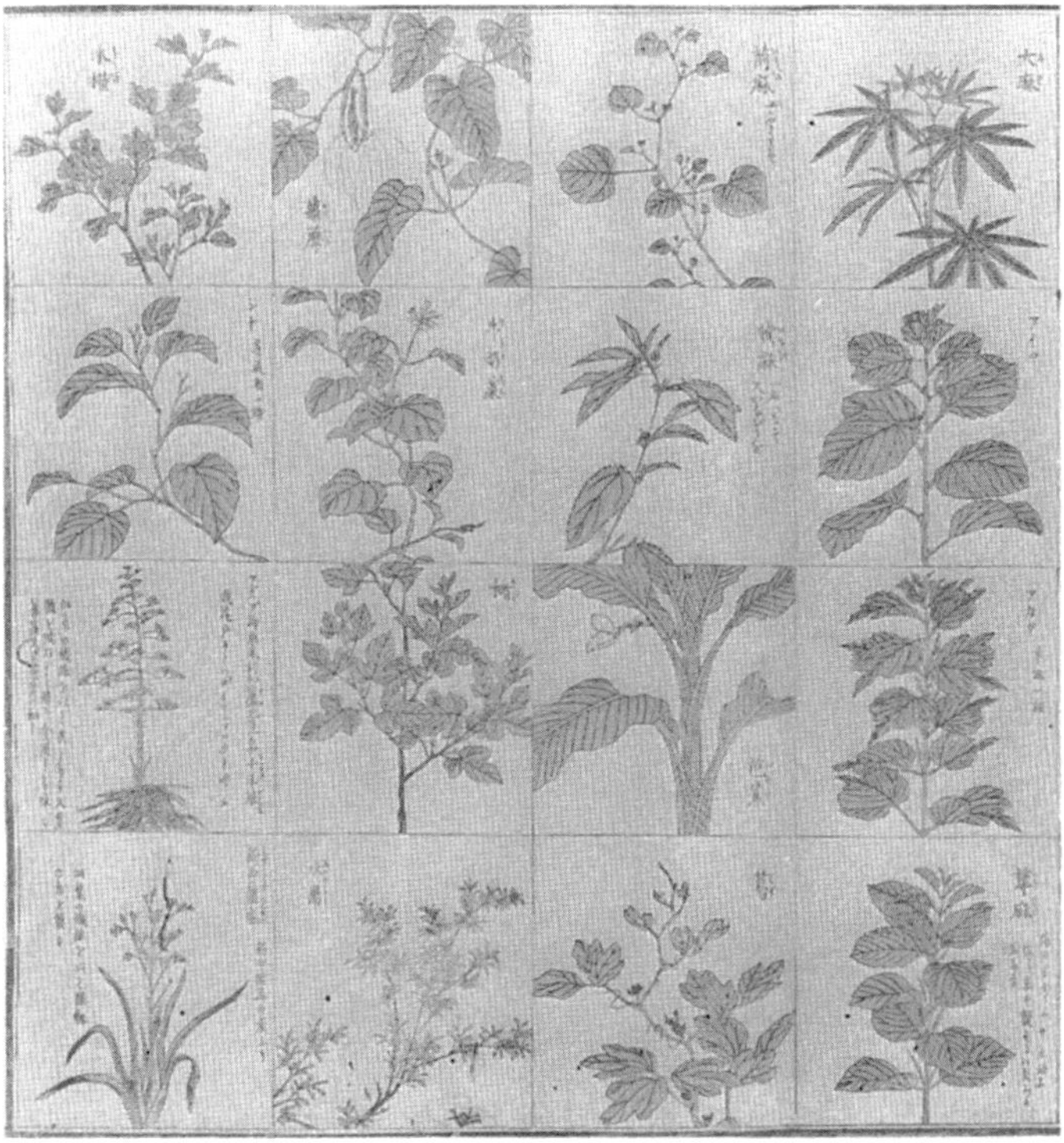

図21　『教草』「繊維草木一覧」部分（東京国立博物館蔵）

だの、予想された反応ばかりが返ってくる。でも、見せるとみな一様に声を失うのである。
靭皮衣にかんしては『教草《おしえぐさ》』のなかの、武田昌次による明治五（一八七二）年の版本「繊維草木一覧《いとすじそうもく》」（図21）がもっともよく整理されているので、それから引用しよう。まず「糸に製し布に織《おる》べき者《もの》の内《うち》、最著しきハ蚕繭《さんけん》、綿　苧麻、大麻にして、之《これ》に次て外皮又《また》茎葉の繊維を以《もっ》て糸に製すべき草木　甚《はなはだ》多し」と述べたうえで、その有名なものを紹介するという。つぎのとおりである。

大麻《あさ》　茎を蒸し外皮を剝ぎて製するもの……

アイコ・アカゾ　此二種共に苧麻類……南部にて「クツサイ」といふ、是にて防寒の帽子、脛巾《はばき》を製す

蕁麻《いらくさ》　俗に「イタイタグサ」……此茎の外皮より糸を製す、苧麻《ちょま》に似て頗《すこぶ》る美なり、羽《う》前《ぜん》より出す品最も良し

莔麻《いちび》・黄麻《いちび》　同名にして大いに異なる草なり莔麻ハ又「キリアサ」と云ふ……白色美麗なれども質脆し、黄麻ハ又「ツナリ」と云ふ、質粗ナル故多く畳糸等に用ゆ……

芭蕉《ばせを》　糸に製するハ、花の色紫赤色なる者にして香蕉と云ふ、繊維細美強靭にして布となすに適す、琉球諸島の名産なり

葛　葛布ハ遠州掛川の名産……
蘿藦《がゞいも》牛奶菜《きじよらん》　此二種ハ蔓草……其《その》茎　甚《はなはだ》強靭なれバ綿弓の弦として至て強し……
楮　外皮を直に布に製すること能ハず……紙に製して後拈《よ》りて布を織る……紙布といふ
　奥州白石、仙台の名産
桑　葉を用いるのみにして其茎ハ棄ること多し……外皮を以《もつ》て紙に製すべく、亦《また》、糸にも製す……
楊柳《やなぎ》・木槿《はちす》　外皮にて縄糸を製す……
シナ　縄となして甚強し、亦、糸に製し畳の縁となし、又、下品の蚊帳に織る、近来《ちかごろ》、佐渡より布を製し出す、奥羽に「マダ」といふ樹あり……此皮も布に製し、酒、醤油の漉《こ》し袋に用ゐ、其粗皮《あらかわ》ハ駄馬《だうま》の胸掛《むねかけ》に作る
紫藤《ふじ》　蔓の細きものを晒《さら》して、種々の器具を製し、亦、下駄の表となす……近年上州及
　伊豆加茂郡伊沢村にて布に製す
　此外《このほか》尚《なお》外皮を以《もつ》て各種の用をなす者、譬《たとえ》ハ木芙蓉、梧桐《ごとう》、アツシ等ありと雖《いえど》も茲に
　　ハ省略す
これからうかがうに、日本列島はさまざまな靭皮繊維に満ちている。身の回りにある有

用な植物を見分けることは生活のごく基本であった。

オヒョウの発見

オヒョウの靭皮から繊維がとれることを見出したのは、アイヌ文化にとってきわめて大きな発見であった。それにしても、この植物からは糸がとれるという天啓でもあるのだろうか。アイヌの人びとがオヒョウから糸がとれることを発見したことが偶然であったとはどうも思えない。

オヒョウは北海道のアイヌ語では at-ni アッニという。知里真志保氏によれば「at あッ樹皮、及びその内皮から取った繊維」をいい、ニは木である。「樹名わ樹皮にもとずいている。すなわち〝楡皮をとる木〟」の義であると（『分類アイヌ語辞典植物編』）。また樺太の白浦でオピウ opiw の語を採集し、日本語のオヒョウはこれから出たのだと説明する。「楡皮をとる」というのはこの場合、靭皮のことを指していると思われるから、繊維を採る（アッカラ at-kar）という行為がまずあってアッニと名づけられたとみていい。強靭で、かつ良質な繊維をこの木がもっていることに気づいたのだから、オヒョウを利用する以前にすでに靭皮を用いていた技術がアイヌ文化には存在していたと考えられる。

オヒョウ以前

ではオヒョウ以前の靭皮衣はなにを素材としたのか。わたくしはここである神話に着目したい。それは人文神オイナカムイ（一名アイヌラックル）の物語である。オイナカムイの物語は金田一京助氏によっていくつも紹介されているが、大正一二（一九二三）年に刊行された『アイヌ聖典』のなかから「古伝　其二」の一節をみておこう。

わたくしは火の神である。ある時、夫である「神とひととの通詞」という名をもつ神が外にあるトイレに行くと出たきり帰ってこない。身分の低い神ではないわたくしはとりたてて気にもせず刺繍にいそしんでいた。とある日、どこかの神が夫が危ない目にあっていると告げにきたが、やはり気にもせず刺繍にいそしんでいた。次に重々しい神が訪れる音が聞こえたので、わたくしは立ち上がりその神と共に夫のもとへといった。

重々しい神は夫を助けるために夫をかどわかした敵と戦い、ものすごい戦いの結果夫をとりもどしてくれた。その神が帰る際に垣間見せたのが、

オウフイシリカ ouhui shirika　　尻の焦げたる　刀鞘《かたなさや》
オウフイニカパッツシ ouhui nikapattush　　裾の焦げたる　春楡《はるにれ》の厚司《あつし》
パラセレ parasere　　ひらりと
パテクアヌカラ patek anukara　　のみ　打見えて

アイヌネクニ ainu ne kuni　　　人間　なる　こと
アエラムアン aeram an.　　　われ了解しき。
というさまであった。これで、その重々しい神がオイナカムイであることを知った。以後、わたくしは夫の神と、むつまじく暮らしているのである。

金田一氏は「焦げたる刀鞘と春楡の厚司とはオイナカムイの特徴なれば」と注釈する。そして、かれの紹介するオイナカムイはみなこのような「裾の焦げたる　春楡の厚司」か「ouhui attush　裾の焦げたる　厚司」を着ている。このオイナカムイはアイヌの人びとに「春楡の厚司」だの「厚司」だのの作り方を教えた尊い神さまである。

ハルニレは天上の神がこの世をお造りなされたとき、はじめに存在していた木であり、たいへん美しい女神であった。そのため、天界から降臨された創造神がこの木と結婚され、そしてお生まれになったのがオイナカムイであった。ハルニレは別名チキサニ（cikisa-ni 火きりの木）といわれるように、文化の根元である火を生み出す神でもあった。そしてそれゆえにオイナカムイはハルニレのアットゥシを身にまとっていらっしゃる。

米田優子氏が指摘されている（「アイヌ農耕史研究にみられる伝承資料利用の問題点」）ように、伝承資料の「史料としての位置づけ」には「慎重さが要求される」のはいうまでもない。「緻密な検証作業」も経ずに安易な引用をしていると叱責されそうではあるが、それを踏まえた上でなおこの伝承のもつ資料性は無視できないものがある。

この伝承が示唆するように、初源的なアットゥシはハルニレを素材とするものであったと考えられる。しかし、ハルニレは繊維としてそれほど強靭なものではなかったから、しだいに別な繊維に替わっていった。シナなどをへてやがてオヒョウの発見にいたった。アットゥシの素材としてシナが用いられている伝世品はほとんどみることができないし、ハルニレにいたっては希有《けう》の存在となっている。

さまざまな試行錯誤の結果、アイヌの人びとはオヒョウという優れた繊維を手に入れることができたのである。

北限の靭皮衣

靭皮衣は日本列島に広く分布する衣服である。その素材にかんしては前述したとおり、列島の北から南まで、いろいろなものがさまざまなかたちで用いられている。アイヌの人びとの衣文化もその流れのなかにあることはもちろんであるが、面白いことに、樺太アイヌのレタㇻペやアㇵルㇱがその北限であって、樺太アイヌと文化領域を接するウイルタやニヴフには靭皮衣は伝わらなかったし、極東の諸民族にいたっても同様である。樺太アイヌとニヴフ、ウイルタの人びととは非常によく似た道具を用いたり、共通するものも少なくない。しかし、植生の問題もあってか、靭皮衣はアイヌより北の人びとには伝わらなかったらしい。千島においても中部千島以北のいわゆる千島アイヌはアットゥシを持たなかったようだ。カムチャツカの住民たちも靭皮衣は有しない。南樺太は日本列島を北上してきた南方からの靭皮衣文化の到達点であった。

アットゥシをよく特徴づけるのは素材ももちろんであるが、その際立った施文法であろう。直線裁ちにした黒または紺色木綿のアップリケを背、裾、袖口、襟《えり》などに施す。

施された文様

アップリケは日本の衣文化中では切嵌《きりばめ》または切付、あるいは切伏《きりぶせ》という技法である。布地をある文様に切り抜き、その部分に同様の文様を切った他の布を縫いつけるか、布地を切り抜かずに、文様の形に切った別布をあてて、まつりつける技法のことであるが、どちらかというと多用された技法ではない。

アイヌの衣文化のなかでは、染めは技法的にも色の種類からもあまり好まれなかったし（というより靭皮衣であるため多様な染めができなかった）、織文様においても縦縞の平織《ひらおり》だけで、紋織などは存在しない。絣《かすり》や繡箔《ぬいはく》などもない。衣服を飾る技法としては唯一アップリケだけなのである。

アイヌのアップリケは、おおむね直線裁ちの布裂《ぬのきれ》をあててまつりつける。この布をまつりつけるときに、縁を絡《から》み繍《ぬ》いにし、布表面には鎖繍《くさりぬい》、走り繍《ぬい》などの刺し技法による刺繍を施して独特のアイヌ文様に仕上げるのである。ただし、この技法は北海道アイヌのものであって樺太アイヌは多少異なる。

日本の衣文化のなかのアップリケは、アイヌの衣文化に影響を与えるという性格のものではなかった。ではアイヌはどこからアップリケの技法を学んだのであろうか。それを考えるためにはやはりアットゥシに先行する衣文化についてふれておく必要がある。

チェプルという衣服

アイヌの衣文化のなかにチェプル cep-ur というタイプがあることは先に述べた。ここではもう少し詳しくこの衣服についてみてみよう。チェプルはチェプ cep ウル ur と分解できる。魚（チェプ）の・衣服（ウル）の意である。このことばから理解されるようにサケやマス、イトウなどサケ科の魚皮を素材としてつくる（図22）。

シベリアやアムール河下流域の諸民族――たとえばナーナイ、ウリチ、ウデヘ、ニヴフ、ウイルタなどを中心に発達した――から樺太、北海道におよぶ広い分布をもつ衣文化である。

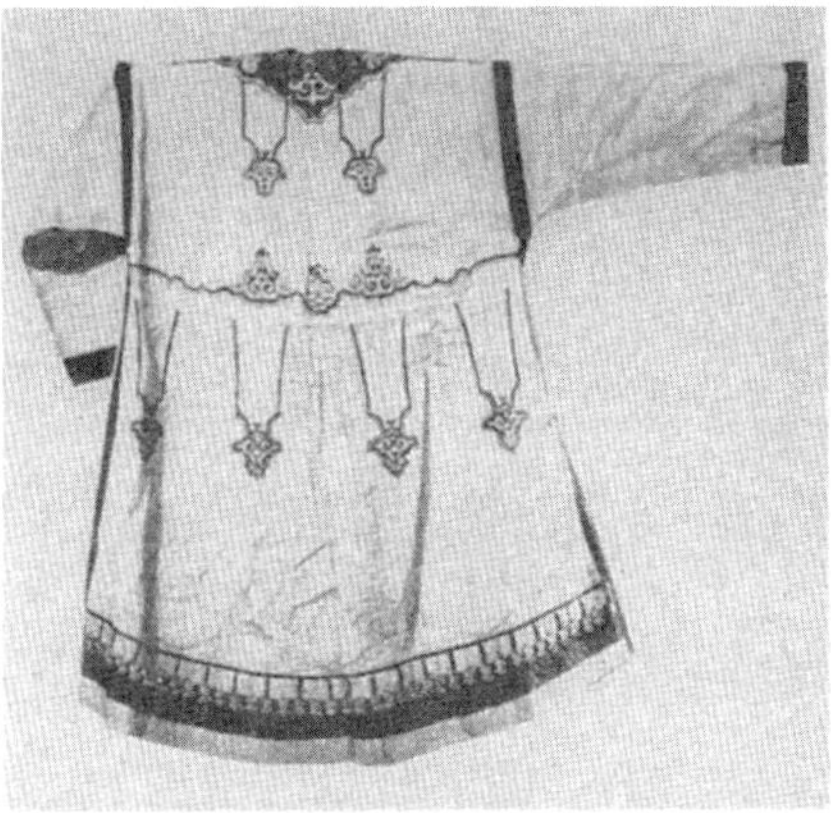

ウ　リ　チ

ナ ー ナ イ

ア　イ　ヌ

ニ　ヴ　フ

図22　魚皮衣の諸形態

サケやイトウなどの皮を剝いで鞣《なめ》すのであるが、このとき槌《つち》と台とを用いてたんねんに叩きながらやわらかくしていくのである。この魚皮を鞣す技術は各民族にそれほど大きな差異はないが、北海道アイヌは鞣すという技術は発展させず、産卵後のサケ（ホッチャレという）の脂が抜けた皮などを用いている。

ナーナイの魚皮衣は鞣しが完全なために、非常にやわらかく、一〇〇年以上たった現在でもなお着ることができるが、樺太アイヌや北海道アイヌのそれは固化してしまって扱いに困ることがある。素材としての魚皮利用はアイヌにまで伝播《でんぱ》したが、技術までは充分に取り込むことができなかった。それが作品のできに反映したというべきであろうか。

アップリケの発生

ところで、シベリア諸民族の魚皮衣には共通したある特徴がある。新巻でもなんでもいい。とにかくサケのかたちを思い浮かべていただきたい。頭があり、魚体には胸鰭《むなびれ》が一対、背鰭、尻鰭、尾鰭がついている。頭と尾をとって腹開きにし、魚肉を取り去って一枚のたいらな皮にしたとき、胸鰭と背鰭が残っている。魚皮を鞣すにも、加工するにも邪魔になるのがこれらの鰭である。だからまず、鰭をとってしまう。とった痕には丸かあるいは楕円の穴が残る。

一枚のサケ皮はまんなかに背鰭の楕円の穴があり、左右に胸鰭の丸い穴がある。これを

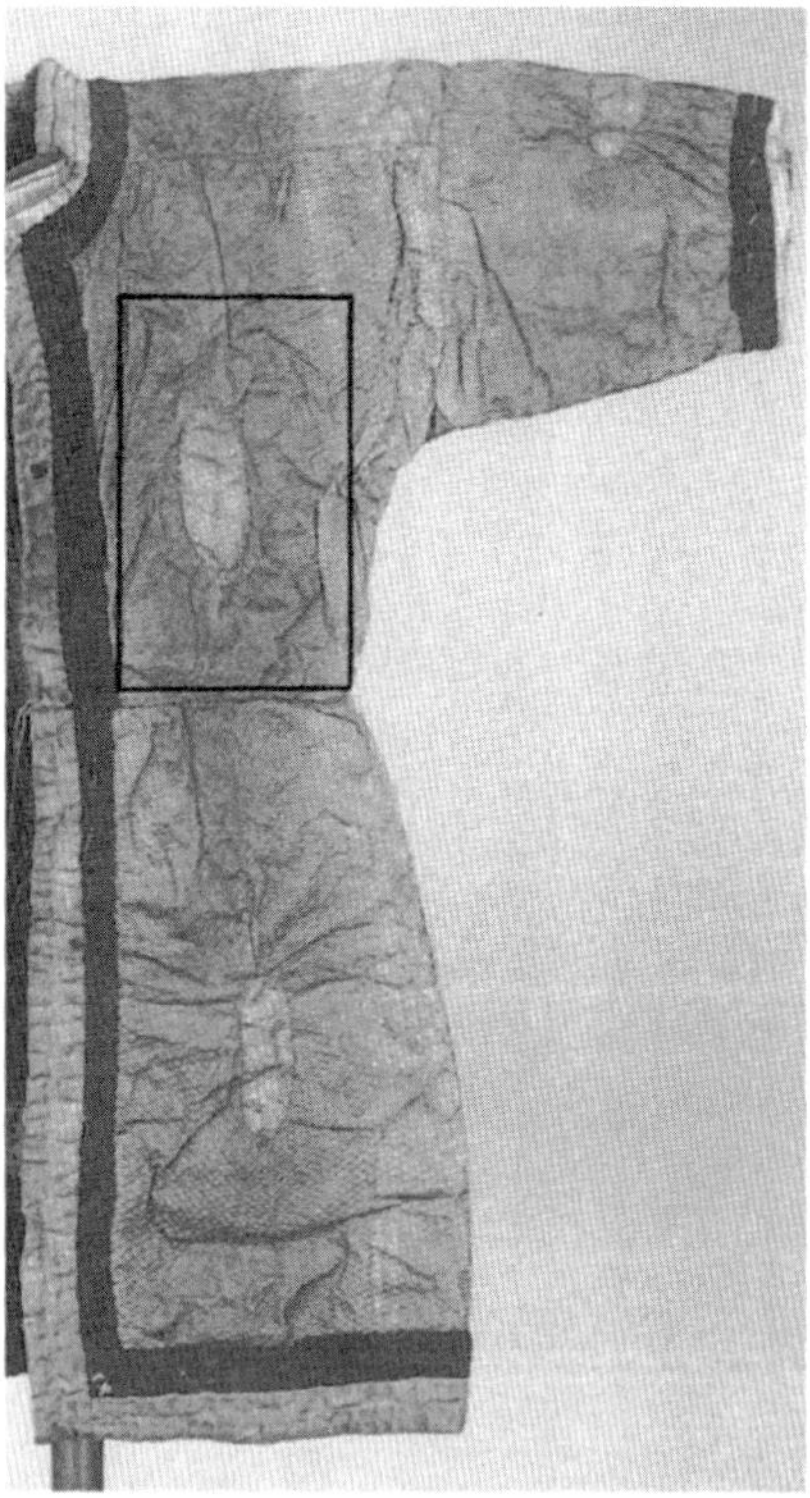

図23　鰭をとった痕の穴に当て布（皮）をした例

素材にして衣服を仕立てたら穴だらけになることはいうまでもないが、かれらはどうしたか。その穴に別のサケ皮を丸く切り抜いたものを当て布（皮）するのである（図23）。にかわで接着したあと当て布（皮）のまわりを色糸でかがる。サケ皮のかわりに色布をあてることもある。これはすなわち切付（切伏）技法であり、アップリケにほかならない。つまりシベリアにおけるアップリケは、魚皮の利用においてきわめて必然的に用いられた技法であるといえる。もちろんこれは魚皮に限ったことではなく、裘《かわごろも》においてもそうである。

魚皮衣のアップリケは、はじめこそ穴を覆った当て布（皮）の縁をかがっただけの単純なものであったが、のちには魚皮を美しいかたちに切り取ったものを貼り付け、そこに彩色したり刺繡を施すようになる。魚皮が獣皮になり、色絹や木綿といった布が用いられた派手な衣服も出現してくる。

こうした傾向は樺太においても同様であった。すなわち樺太アイヌはこうした技法をきわめて身近に見ていて、みずからもそれを取り入れたのである。かれらに南から靭皮衣がもたらされたとき、その衣服を飾るのにシベリアの技法をもってしたことは想像にかたくない。樺太アイヌの靭皮衣は北海道のそれにくらべると、施文の方法が異なる。かれらはごく当たり前に色裂《いろぎれ》を用い、背や肩に型にとらわれない多様なアップリケを施している。

樺太アイヌのそれは、円形があったり、複雑な色構成をもつ文様であったりして、北海道アイヌの木綿を直線裁ちにした文様構成とはかなり異質なものとなっている。これは、樺太アイヌがニヴフやウイルタなどをはじめとする多くの異文化と接触したことによる発想の自由さがもとになっているからに違いない。しかもイラクサを素材としたこともあって、その白地は色裂を非常に効果的に美しくみせる（図9Ⅲ類）。

他方で北海道アイヌの靭皮衣は、オヒョウを用いるから茶色の強い個性的な生地である。この生地に色裂は似合わない。これを活かすのは紺、もしくは黒の木綿裂であり、その直線裁ちがもっとも力強い。樺太アイヌを通じてアップリケによる施文法を学んだ北海道アイヌは、まさにかれらにもっともふさわしい施文方法を生み出すことになった。

アットゥㇱから木綿衣へ

アイヌの衣文化にチカㇻカㇻペという名称の木綿衣がある。地域的にはチニヌイペなどとも呼ばれているし、さらに多くの呼称がある。アットゥㇱと同様な形態につくられる。その多くはシャモの古着を再利用したものであって、染物であったり、絣であったりさまざまな種類のものが輸入されている。主婦たちはそれらをアイヌ風に仕立てなおし、じかに刺繍を施したり、種類の異なる生地を組み合わせたり、アップリケで飾ったりした。木綿はアットゥㇱとは違って裁縫のしやすい素材である。女性たちの新しい発想が生かせる布であった。先にみてきたように松前近郊のアイヌの人びとは一七世紀半ばには木綿衣を用いていたらしい。

木綿衣の輸入はアイヌの衣文化に革命的な変化をもたらすこととなったといっていい。やわらかく、軽く、美しく、加工しやすく、そして何よりもおしゃれである。アットゥㇱはその逆で、重たくて加工しにくい素材である。思うような重ね着もできない。愛するものを美しく飾らせたいという女性たちはこぞってこの素材を求めるようになった。まさにチカㇻカㇻペである。このことばは ci-karkar-pe となる。「われらが・飾りつけた・もの」というふうに語釈できようか。チニヌイペも同様に裏をつけて袷《あわせ》にした日常衣の意となる。また、単衣《ひとえ》をカパラミプ kapar-amip（薄い・着物）ともいうが、本来的にはアットゥシよりも薄手の着物であったからかく名づけられたのかも知れない。木綿衣はかくてアイヌの人びとのなかに深く浸透していくことになった。非常に大胆なデザインの木綿衣をみるにつけ女性たちの美意識が大きく変化したことを感じとることができるし、現在なお、伝統工芸としてつくりつづけられていることをみても、いかに彼女たちの感性にマッチしたかを知ることができよう。

一方でアットゥシは、シャモの漁師や舟子たちの仕事着として珍重され、その需要のため場所ごとにかなりの生産量が義務づけられた。また、厚司として日本文化のなかに入りこむこととなった。

モ　レ　ウ――美しきアイヌ文様

モレウの発想

モレウ morew は代表的なアイヌ文様で渦巻き（渦状）文のことをいう（mo-rew 静かな・曲がりと語釈できようか）。この文様は木製品や染織品の別なく用いられる。木製の盆の表面に大胆に刻された渦巻きや着物の背にみるゆったりとした曲線は、それがアイヌの人びとの美意識とあいまって、いかにもアイヌ文様としてふさわしい動きをみせている。そして、現在なお、アイヌ文化を語る大事な文様として人びとにうけつがれている。

しかしながら、視覚的にアイヌ文様を確認できるのはそんなに古いことではない。たとえば、ジロラモ・デ・アンジェリスの『第二蝦夷国《えぞこく》報告書』（一六二一年）には「(衣服の刺繡は）すべて十字または薔薇《ばら》の形になされ……」としるされている（児玉氏による）。これがアイヌ文様にかんするはじめての記録と考えていい。このほか『蝦夷志《えぞし》』などにも文様の記載があるが、現実的とはいえない描写がなされる。こうした文様類はすべてアップリケと解釈できる。ところで、アンジェリスのいう「薔薇の形になされ」た文様はやわらかなカーヴをもった文様、すなわち曲線文であると考えていいかもしれない。しかもバラを思わせる施文形態は唐草文《からくさもん》あるいはモレウの複合形態を彷彿《ほうふつ》させるものがある。この文様はみるものにさまざまな印象を植えつけるからだ。どうやらアンジェリスのころにはモレウ文が存在していたと考えてよさそうである。

渦巻き文は世界中にかなり普遍的にみられる文様である。アイヌ文化におけるそれのみが特別な形態ではない。たとえば日本列島では縄文土器《じょうもんどき》やその時代の骨角器に多くのこの文様を見ることができる。実際アイヌ文様とまったく同じではないかと考えられるものも少なくない。アイヌ文化の源流を縄文文化に求める視点からいえば都合のよい共通点でもある。しかし、アイヌ文化に直前する土器文化である擦文《さつもん》やオホーツクといった時期にはこの文様はほとんど存在しないから、縄文からの連続性という意味ではいささか難がある。縄文にせよ続縄文にせよ、考古学的古代からの伝統文様というよりは、アイヌ文化のなかで取り入れ、発展させた文様形態と考えたほうが理解しやすい。

渦巻きは風や流水など自然と身近に接しうる人びとならば容易に気づく現象でもあるが、それを美意識のなかにどう取り入れるかはまた別の問題となる。この文様はアイヌの人びとの感性に深く響くものがあったのであろうか。金田一京助氏の随筆中に「女の子は女らしく砂浜に遊びながらも、指で無心に砂の上に曲線を描いて育つ。其《それ》は女のする刺繡の曲線模様のデザインをしてゐるので、此《これ》はアイヌの女の子の末だほんの小供の頃からの習慣で……日露戦争直後、樺太へ遊んだ時に、部落にはまだペンや筆や紙が無かつた。私の鉛筆と紙を貸し与へたら、女の子はどの子もどの子も期せずして紙のありつたけへ皆モレウをいつぱいに書き出したのには感に打たれた」と記している。秦檍麿《はたあわきまろ》や松浦武四郎も同様な報告をしているが、この文様がアイヌ文化に占める大きさを改めて知る。

屈輪《ぐり》と渦巻き文

かつてアメリカの人類学者ラウファーは、ナーナイ（ゴリド）とニヴフ（ギリヤーク）の渦巻き文様を比較して論じて、ナーナイの渦巻き文様は中国の影響を受けたものだと述べた（『アムール諸族の装飾文様』一九〇二年）。ラウファーのこの指摘は現在なお高い有効性をもっていると考えている。

ナーナイに限らず、シベリアの諸民族のあいだにはこの渦巻き文様が広く用いられている。実際の品物に接したとき、民族名を伏せられたら判断に困るような強い類似性をもつものも少なくない。この文様がかれらの美的感性をしっかりととらえたことはかれらの物質文化の隅々にまでそれが取り入れられていることからも理解される。

ところでラウファーは、中国の渦巻き文として屈輪文《ぐりもん》はあげていない。時代的に古すぎるとみたのかあるいは漆器の文様を調査する時間がなかったのかはわからないが、わたくしは、渦巻文を考える上で屈輪文は重要な存在であると思っている。屈輪は中国の漆器、とりわけ技法的に堆黒《ついこく》や堆朱《ついしゅ》など彫漆《ちょうしつ》といわれるジャンルに属する。器に刻文で施文された渦巻き文で、日本へも輸入され茶人の間でもてはやされた。いくつかの渦巻きの組合わせはときとしてハート型になり、ときとして花弁型にもなる。文献的には唐代《とう》にはあったといわれるが、伝世されるものはない。宋代《そう》にはいって好んで制作されるようになり(図24)、元《げん》・明《みん》代に最盛期を迎えた。日本文化には鎌倉時代に伝えられた。

この文様ないしそれが施された器物がナーナイに入ったものと考えていい。ナーナイについては詳述する余裕はないが、アムール川中流域をその生活圏とするこの人びとは中国文化を東シベリアの諸民族に紹介する役割を実質的に果たしていた。屈輪《ぐり》から学んだ文様をナーナイの人びとは樺細工《かばざいく》に応用し、魚皮衣の文様にあるいは木製品に取り入れた。そ

図24　屈輪文盆・宋時代（東京国立博物館保管）

して美しい民族文様として発展させた。この文様が極東の諸民族に徐々に広がっていった。アイヌの人びともウリチやニヴフからこの文様を学んだのではないだろうか。

シベリア諸民族の渦巻き文

こうした渦巻き文様を愛する民族は多い。もっとも渦巻き文であっても発生的に唐草文との関連を強くもっているものもあり、あるいは動物文や鳥、生命の樹とのかかわりがあったりで、屈輪文系とばかりいえないものもある。そうしたことを勘案しながらみていくと、エヴェンキ、ヤクート、ハカス、ブリヤート、アレウトなどといった人びとがこの文様を有しており、さらにアムール河下流域地方、沿海地方、樺太などの地域の諸民族がもっている(図25)。その文様も、衣服に施したアップリケ、樺や木製品あるいは骨角器に施した彫刻文、などさまざまであり、ブリヤートは飾り金具にまで施文している例がある。

これだけ同時代に広い地域の民族が好んで用いている文様がほかにあろうか。そしてそれぞれの民族がなんの関連もなく独自に発達させたとは考えがたい。いわば渦巻き文文化圏としてやはり相互の影響を意識せざるをえないのである。

渦巻き文の派生

アイヌ文化の渦巻き文モレウは、それ自体アイヌの人びとが独自に発見し発展させた文様であるとの見方を否定することはもちろんできな

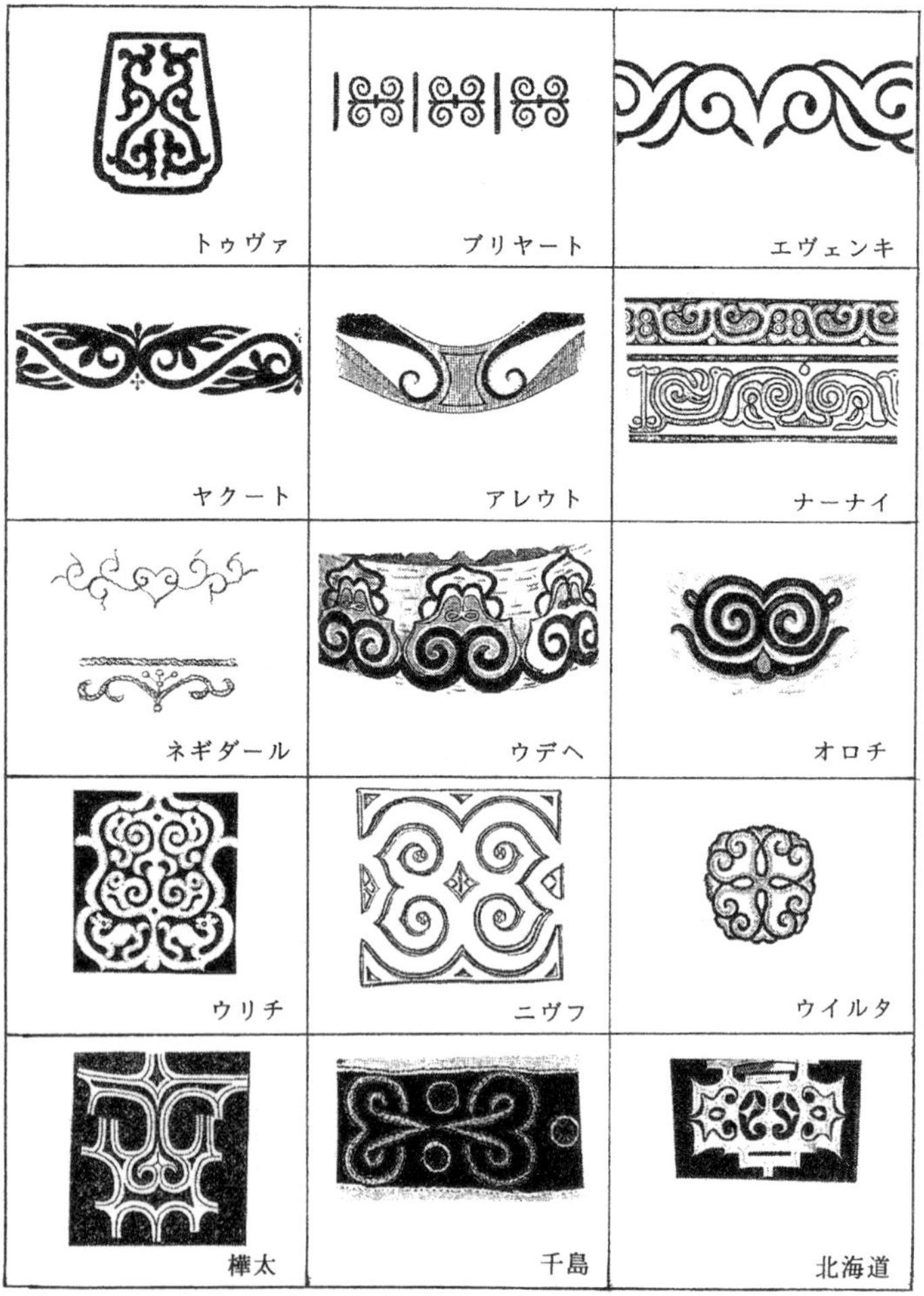

図25　シベリア諸民族の渦巻き文の例

い。しかし、前述のように渦巻き文はほとんど同時代に、文化接触のある民族間に共通する文化要素である。当然のことながら、渦巻き文が来た道（渦巻き文文化圏）というのを想定したほうが理解は容易である。アイヌ文化は魚皮衣を取り入れている。渦巻き文も同時にアイヌ文化に入ってきてもおかしくはない。というよりは、遠い縄文時代に類例を求めるよりは、同時代の、交流のある他の地域に類例を求めるほうが確実性が高かろう。

ラウファーはナーナイに中国文化の影響をみた。同様に、わたくしはモレウは屈輪《ぐり》の派生形のひとつであると考えている。そして、その文様は大陸を強く意識しながらもアイヌ文化のなかで、それが、文化発祥の時期から存在するといっておかしくないほどの発展をみ、精神文化のなかにも深く根づくこととなったのであろう。

モレウは文様としては、ひとつの渦巻きで用いられることは少なく、ほとんどがふたつ以上の組合わせ文となる。だから、ともすればそれは眼のイメージともなる。とくに衣服の背中に施した場合は邪視となって、着ている人間の身を守るものという考え方も生まれてくる。こうした考えがこの文様が広く支持された理由でもあろうか。

アイウㇱ文

ところで、アイヌ文様といえば、もうひとつの有名な存在がある。いうところのアイウㇱ ayus 文である。「棘《とげ》を持つ」と訳しうるこの文様はその単位文様が数学で使う中カッコ｛｝に似ていることからカッコ文《もん》ともいっている。これもモレウと同じくらい、いや近年ではそれ以上に用いられており、文字どおり代表的なアイヌの単位文様となっている。しかし、この文様は古くからみられるものの、その名称について近年つくり出されたアイヌ語ではないかという疑問がある。たとえば、萱野茂氏の辞典には「モレウノカ　渦巻き文様」はあるが、「アイウㇱ」は「とげが刺さる」という語しか収録されない。田村氏も同様に「ayusni　タラノキ」しか収録していない。文様の名称としての「アイウㇱ」ははたして存在するのであろうか。

　名称に問題があるのなら、その単位文様についても考えなおさなければいけない。アイヌ語研究者として知られている切替英雄氏がかつてこんなはなしをされたことがある。その要旨は「アイウㇱ」という文様は実《じつ》は中カッコを単位とするのではなく、その半分――つまりS字状になる部分――が本来的な単位ではなかろうかというのである。切替氏はまだこのお考えを論文としてまとめておられないので、その後どのように発展させたか

図26　S字状文のイクパスイ（『アイヌモシリ』展図録より）

は知らないが、その報告を聞いて、わたくしは大きな衝撃をうけた。

たしかにS字状文を単位文様と考えたほうが、説明のつく文様が多く存在する。この文様は祭具であるイクパスイなどにも刻まれているなど、比較的多く眼にする文様形態である。なるほどたとえば図示したイクパスイ（図26）は苫小牧市立博物館所蔵品である。まさにS字文の連続でみかたによればアイウシ文ともなる。わたくしはこのS字状文も渦巻き文の変形と考えていいと思っている。そう、「アイウシ」文なる存在は、モレウの派生形として考えれば充分な説明をつけられるのである。

生活をささえる道具たち

マキリ――身近なる利器

コシャマインの戦争

マキリがいかなるものか述べる前に、まず一枚の写真（図27）をみていただこう。一見して刃物の拵《こしら》えであるとわかっていただけるだろう。少しく彎曲《わんきょく》した呑口《のみくち》拵えにつくられていて、鞘《さや》の縁と鐺《こじり》（末端部分）には鹿角がはめこまれ、表面や柄にきれいな彫刻が施されている。全長が二七㌢《センチ》ほどある。刀身は鉄製の片刃で刃渡りが一四㌢《センチ》。一説によればこの拵えの作者はエトロフの名工シタエホリであるという。これが現在に伝わるアイヌのマキリの一型式である。明治八（一八七五）年には当時の博物館に入蔵しているので、つくられたのはも少し前のことである。『蝦夷志《えぞし》』の「蝦夷男女之図」の女性が帯の下に提げた飾り様のもの（図28）がこの形

図27　マキリ（東京国立博物館蔵）

図28　マキリを下げた女性（『蝦夷誌』）

式のマキリを着装した絵画による初見と考えていいから、『蝦夷志』以前には常時携帯するという方法ができあがっていた。ではいつからこのような形式の拵えとなったのであろうか。

マキリを語るにはまずコシャマインの戦争からはじめなければならない。シャモのあいだにも比較的よく知られているこの戦争の発端は、前述した『新羅之記録《しんらのきろく》』上巻に簡単にふれられている。

康正二年春、乙孩《オツカイ》きたりて、鍛冶に劘刀《マキリ》を打たしめし処《ところ》、乙孩と鍛冶と……刀の善悪価を論じて、鍛冶劘刀を取り乙孩を突き殺す、これにより、夷狄《いてき》ことごとく蜂起して、康正二年夏より大永五年春にいたり、東西数十日程のうちに住むところの村々里々を破り、者某《シャモ》を殺すことのはじまりは志濃里《しのり》の鍛冶屋村なり、生きて残る人はみな松前と天河《あまのかわ》に集住す

すなわち康正二（一四五六）年の春、箱館の郊外、志濃里の鍛冶屋村に、乙孩が来て、鍛冶に劘刀を打たせたところ、このふたりの間に劘刀の善悪、価をめぐって論争になり（『福山秘府』は「其の美悪を争う」とある）、鍛冶が劘刀を取って乙孩を突き殺してしまった。

これが原因で夷狄（アイヌの人びとのこと）がことごとく蜂起し、康正二（一四五六）年から大永五（一五二五）年までの七〇年の間、（夷狄が）東地、西地それぞれ数十日の日程の間に住む（者某の）村々や里々を打ち破り、者某を殺す事件のはじまりは志濃里の鍛冶屋村でのできごとにあった。生き残った（者某の）人びとはみんな松前と天の河に集まり住むようになった。

さて、これだけの記載から当時のアイヌ文化がどれだけ読み取れるだろうか。いささかやっかいであるが、一五世紀半ばという時期の史料だから無視するわけにはいかないだろう。

前記の史料中にある乙孩、劘刀、者某を『新北海道史　第七巻』はオッカイ、マキリ、シャモと読ませている。写本のなかにはふりがなの付されているものもあるが、その読み方が康正二年当時になされていたかどうかは定かではないし、また『新羅之記録』が編まれた正保三（一六四六）年当時のものかどうかもわからない。

劘　刀　「劘刀」は「びとう」と読むのであろうが、もちろん日本語でも中国語でも普通に使われるような親しい名詞ではない。『新北海道史』は前述のようにこれをマキリと訓じている。

ここにマキリが登場する。

マキリはアイヌが常用する利器で、一般に小刀と日本語訳されているものである。なるほど「劘＝び」には削るという意があるから、「劘刀」は「削り刀」ほどの意味となり、マキリなる利器に当てる文字として不都合はない。しかし、『新羅之記録』はなぜけっして一般的とはいえない「劘刀」なることばを用いたのであろうか。

いうまでもなく、日本語の古語には「刀子＝とうす」がある。正倉院《しょうそういん》の例をあげるまでもなくナイフである。余談であるが、アイヌのマキリと古墳時代の刀子型石製模造品および正倉院の刀子とはそれぞれの拵えが形態的には非常によく似ている。

また小刀という語も存在する。小刀は、たとえば『倭名類聚抄《わみょうるいじゅうしょう》』に着録されているし、『吾妻鑑《あずまかがみ》』の建久元年条にみえる。とくに『吾妻鑑』の記載は、遠江《とおとうみ》の菊河《きくかわ》の宿において佐々木盛綱《もりつな》が源頼朝《よりとも》に鮭の楚割《そわり》を進ぜたさいに小刀を添えた、とある。そして「ただ今これを削りて食せしめた」ところ「気味頗《すこぶる》懇切」であったので「早くきこしめすべきか」と申し添えた。頼朝は好意を喜んで鮭と小刀ののせられていた折敷《おしき》に和歌を自書したという。楚割の鮭はおそらく干鮭のことだろうが、そのさい、身を背割もしくはささら状に縦割にしてから干したものであろう。小刀は固い干鮭の身を削るのに用いられた。

この小刀がどのような形態のものであったかはわからないが、もう少し降って腰刀《こしがたな》の時代になると、鞘《さや》の裏側に小柄《こづか》のように附属させるようになる。ただしこれの柄《つか》は金属である。『和漢三才図会《わかんさんさいずえ》』は、木工が使うところの小刀は多くは木の柄であると述べている。『新羅之記録』は、こうした日本文化に古来からある刀子、小刀の類とは形態・用途を異にするという意識、すなわち、切る行為を主体とするのではなく、掻くあるいは削るという作業のみを目的としていたアイヌ独特の型式をもつものとして、とくに「劘刀」を用いたと考えられる。松前広長《ひろなが》もとくに注記していないことから同様の理解であったとみていいのだろう。

マキリの種類

一八世紀以降のアイヌ文化にみられるマキリは拵えをともなった利器であり、拵えの全長は二〇〜三〇チセン前後のものである。『もしほ草』は「小刀　マキリ、イヒラ」の訳をあてている。「イヒラ」はおそらく、「イピㇼケㇷ゚ ipirkep（物を・きずをつける・もの）」、あるいは「エピㇼケㇷ゚ epirkep（小刀）」のこと（『稿本アイヌ語日本語辞書』）で、マキリよりはこちらが古いかたちの語であり、形態を示しているのではなかろうか。

マキリの刀身は大別して、①北海道型、②樺太型となり、①は刃部の長さが一〇チセン前後が標準で、長いものでも二〇チ《セン》をこえるものはほとんどない。多くは片刃で、日本刀のような鎬造《しのぎづく》りのものはきわめて少なく、しかも焼入れもあまく、刀身にかんしていえば「なまくら」というべきしろものである。②はせいぜい一〇チ《セン》前後の短いもので、彎曲しているものも少なくない。多くは野鍛冶による自製品で、やはり「なまくら」である。

マキリ拵えはまず(1)形態、(2)素材、(3)技法に分け、さらに細分して考えるとわかりやすい（図29）。

(1)形　態

①北海道型　呑口（柄が鞘に呑みこまれている型）。柄・鞘ともゆるやかに外彎し、柄の一部を削《そ》いだように造る。下げ緒《お》がつき、刃を上にして下げる。佩表《はきおもて》（吊した場合に体にふれない側、表）・佩裏《はきうら》（吊した場合体にふれる側、裏）ともに彫刻文を有する。

②樺　太　型　合口《あいくち》（柄と鞘とが密着しあう型）が多い。まれに呑口拵えも。やわらかく彎曲し鞘尻が半円状に膨らむ。柄は一木で円筒状に成形する。下げ緒は皮紐《かわひも》で飾り金具をともなう。刃を下にして下げる。佩表・佩裏ともに組紐《くみひも》文《もん》が透《す》かし彫りされることが多い。

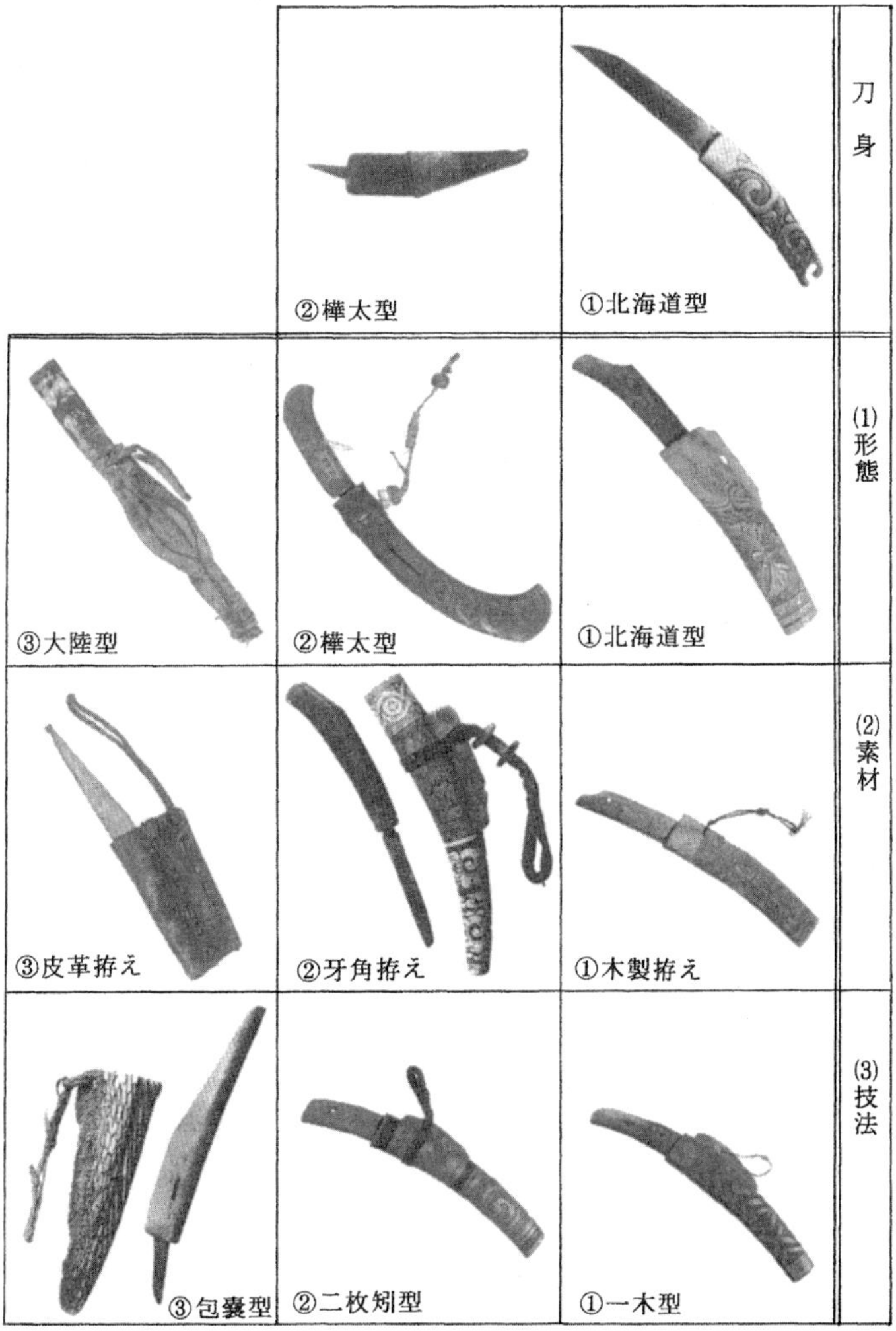
刀身
①北海道型
②樺太型
(1)形態
①北海道型
②樺太型
③大陸型
(2)素材
①木製拵え
②牙角拵え
③皮革拵え
(3)技法
①一木型
②二枚矧型
③包嚢型

図29　マキリの諸形態

③大陸型　ウイルタ・ニヴフなどの小刀の影響を受けた拵えで呑口、彎曲せず、直線的に造る。鞘は中央に鎬《しのぎ》を造り、断面が菱形に近い形態をもつ。木製の場合おおむね派手な彫刻はなされない。

(2)素　材

①木製拵え　鞘も柄も木製。柄が木、鞘が樺皮のものも含む。樺皮以外は佩表・佩裏ともに彫刻文を有するものが多い。

②牙《が》角《かく》拵え　鞘も柄も鹿角《ろっかく》もしくは獣骨製。または一部が鹿角製のもの、木製拵えに牙角を嵌装《かんそう》したものも含む。佩表・佩裏ともに彫刻文を有するものが多い。

③皮革拵え　柄は木製で鞘に獣皮・魚皮などを使用したもの、また柄に魚皮・獣皮を巻いたものも含む。

(3)技　法

①一木型　柄・鞘とも一木造り。鞘には佩裏・鞘の峰側・鞘尻のいずれかに刳抜《くりぬ》き孔をもつ。佩表・佩裏ともに彫刻文を有する。形態的には①②③のすべてが含まれる。

②二枚矧型《にまいはぎ》　柄は一木で造り、鞘の佩表側・佩裏側を別々に造り、矧《は》ぎ合わせて桜皮《かにわ》

で強く締めるか、牙角ないし獣骨を鯉口《こいくち》と鞘尻に嵌装《かんそう》する。佩表・佩裏ともに彫刻文を有する。形態的には①がほとんどである。

③包《ほう》囊《のう》型　柄は一木、鞘は皮革、樺皮などを用いて刀身を包み込むように造る。蝶《ちょう》鮫《ざめ》の鰭《ひれ》を用いたもののほか、樺皮を二つ折したもの、獣皮を用いたものなどがある。形態的に①③に多く見られる。

アイヌ文化のマキリは、以上のようにまとめることができる。

こうしてみると、アイヌ文化におけるもっとも古いタイプのマキリ拵えはというと、樺太型の刃部をもつもので、素材的には③皮革拵え、技法的には③包囊型であったろうと推定される。

マキリは、ときに動物を解体する包丁であり、布を裁断するはさみともなり、そして鑿《のみ》であり鏨《たがね》ともなった。アイヌ文化のなかでこの刃物の占める位置はきわめて重要であった。

アイヌの鍛冶

ところで、『新羅之記録』に立ち返ってみれば、「劘刀」は日本文化の小刀や刀子とは異なる型式のものと認識されていたらしいことは述べた。

これが後のアイヌ文化にみるようなマキリとはたして同じものなのだろうか。

なるほどアイヌの男がわざわざ志濃里の鍛冶屋村までやってきて、切れ味のいい刀を注文しているのである。ということは、自分たちが持っている刃物とは別の種類のものを求めているからにほかならない。かれらの自製の刃物とは古釘《ふるくぎ》や屑鉄を用いて野鍛冶でうったもので、前述したイヒラのように樺太型に近い刃部の短い形態ではなかったか。少なくとも、切れ味の優れた鋭利な刃物というわけではなかったろう。

この記事はまた、シャモ地に近いコタンに住むアイヌは、自分で打たなくとも優れた利器が手にはいるという状況ができており、野鍛冶をしてまで刃物を打つ必要がなくなったことを語っている。シャモ出来のものの利用である。

このことは重要である。つまり、アイヌの人びとは労せずして鋭敏な刃物を手にいれることができるようになったのであるが、そのとき、シャモの鍛冶技術ないしは製鉄技術まで手にいれようとはしなかったのである。北海道アイヌ文化全般に共通するところでもあるが、かれらはあるレヴェルまでの技術を身につけてしまうと、それ以上の技術を導入しなくなる傾向にあるように思う。労せずして質の高い製品を容易に手にいれることができる——そういう環境がつくり出されたためであろうが、基本的にはかれらが交易の民であったからであろう。

アイヌの鍛冶については樺太の例であるが間宮林蔵に報告がある（図30）。

図30　アイヌの鍛冶（間宮林蔵『北夷分界余話』）

なぜ鋭利な刃物を欲したか

ところで、アイヌの人びとが鋭利な刃物を欲したのはなぜだろうか。武器として利用するのが目的であれば、日本刀のような効果的なものを欲したはずであるが、そうではなさそうである。これも交易にかかわってくると考えられないだろうか。シャモとの交易がすすむことによって、交換品として大量の製品の生産が必要となる。クマやシカ、アザラシなどの毛皮生産の拡大、干鮭などの水産物の大量生産である。

鋭利な刃物を武器として使うのではなく、毛皮を剝ぐために利用する、あるいは背割りの鮭や身欠《みが》き鰊《にしん》を大量につくる。毛皮も動物によっては刃物がなくとも剝ぐことのできるものは確かに存在する。しかし、自分使用の場合はそれでも充分であったろうが、大量に生産するとなるとやはり切れる刃物が有効である。そして、なによりも鮭の大量加工にさいしては鋭利な刃物は必需品である。このために切れる刃物が求められた。たとえばお歳暮にいただいた新巻を一匹、自分で捌《さば》いてみるといい。切れる刃物のありがたみがよくわかる。

アイヌの小刀は本来「イヒラ」タイプであったものに、シャモの高度な鍛冶技術の産物であるマキリがとって替わったとみていい。イヒラは本来的には黒耀石《こくようせき》でできた石器のたぐいであったのだろうが、この時代はなまくらではあるが、もう野鍛冶による鉄製刃物となっていた。イヒラは刃渡りが短く、背割り鮭などの魚の加工や獣皮の大量生産には不向きであるし、漁業向きの刃物でもない。

コシャマインの戦争のころは、アイヌ社会においてさまざまなかたちでの構造変革があったことを物語っている。

乙　孩

本章のはじめにみた『新羅之記録』でマキリを買いに来た乙孩だが、たとえば松前広長の『福山秘府《ふくやまひふ》　年歴部《ねんれきぶ》』は「康正二丙子……是蝦夷人乙孩来東部志乃利鍛冶屋邑……」の記事で、「按所謂乙孩者即言少年夷」と註しており、つづけて「日本紀云小乙下是乎」と記す。松前広長はその読みについて『日本書紀』がいう、冠位「小乙下、これか」と「おつげ」という読みを意識した。そして、「いわゆる乙孩はすなわち少年夷をいう」と理解した。つまり乙孩（おつがい）は乙下（おつげ）の転じたものので少年夷のことであると。『松前志』も踏襲している広長の乙孩＝少年夷という解釈は、現在にまで影響を与えている。

乙下を乙孩にあてることの当否はともかく、その読みかたの援用で乙孩をすくなくとも「おつがい」と読み、それからオッカイというアイヌ語を連想することができる。もちろん現代のアイヌ語で一五世紀のそれを一元的に解釈する困難はある。

オッカイならばそれからオッカヨ okkayo（男）というアイヌ語を連想するのは容易である。だから『新羅之記録』を忠実に読むならば、ここは「オッカヨ okkayo（男）」でなければならない。「少年のアイヌ」ということならばオッカイポ okkaypo であるが、ポに相当する文字の記載はないので、広長が単純に「少年」と理解していただけであろう。そして、たぶん、この時代といえども子どもが高価な買い物に携わるわけはないし、いわんや、切れ味や価格を論じられる状態にあったとは思えない。

エムシ——模造されたる太刀拵え

切れない刀

アイヌの人びと、とりわけ男の盛装に欠くことのできないものに太刀《たち》がある。基本的には日本文化の太刀《た》拵《ちごしら》えを模したものである。太刀ばかりかそのなかには打刀《うちがたな》や腰刀《こしがたな》の形態のものもある。これらをエムㇱ emus（太刀、刀）として総称したが、厳密にいえば太刀と打刀と明確に区別されているわけではない。刀をアイヌ語ではアラムコパㇱテップ aramkopastep（我々の心を馳せているもの＝宝刀）、あるいはソサムウㇱペ so-sam-us-pe（座の側をはなさぬもの）などという（『アイヌの芸術』）。一般的にはタンネップ tannep（長いもの）、もしくはタンネップイコㇿ tannep-ikor（長い宝もの）が通用している。エムㇱはタンネップのなかで、アイヌ自身の手になった太刀形式のものをいう場合が多い。

盛装のとき、アイヌの人びとはこれらの太刀を佩《は》く。そのさい、日本文化のなかにおける太刀の佩き方と異なり、右肩から左腰にかけて刀綬《とうじゅ》（エムシアッ emus-at）をもって吊るして佩く。これはアイヌ文化独特の方法であるが、日本の太刀を佩いた場合と同様に刃が下向きとなる。

そして、これらの太刀や刀は、じつは武器ではないのである。タンネップもエムシも拵えの中身、すなわち刀身はこの場合利器ではない。中身は、刀に似せた板っ切れや、金属ではあっても真鍮刀であったり、鉄刀だがなまくらな錆《さ》び刀であったりするし、目釘《めくぎ》で刀身を柄《つか》に固定することもない。だから武器としての機能をまったくもっていない武器（？）なのである。アイヌの刀は戦闘用、護身用といったたぐいのものではなく、その美しく飾られた拵えそのものが重要なのである。そのなかには、平安時代や鎌倉時代の、古式の拵えの形態が伝わったものなどがある。

これらの太刀拵えは、宗教儀礼上重要なもので、悪霊を払うために用いられたり、おさたちの権威を示すものとして用いられた。

ところで、久保寺逸彦氏の辞書のなかにイペタム ipe-tam の語が収録されている。エペタム epe-tam ともいうこの刀を、氏は「名刀」と訳し「人を食いたがる故にこの名あり」と註される。また関連語として「kamui ipetam 宝刀、持主へ祟《たた》るといふ。ひとりで抜出て人を害すといふ。霊刀、妖刀」という説明を付しておられる。アイヌの人びとが伝える伝承にいう「人喰い刀エペタム epe-tam」の物語である。

川上勇治氏に従って、簡単にその伝承についてふれてみると、「……本州で村正という妖刀があったという話を聞いたことがある。多分、本州の和人とアイヌとの交易の際に村正がポロサルのコタンに入ってきたのではないかと想像されるが、刀を使う心得がどんなにない人でも、この刀を抜いたら必ず一人や二人殺してしまう恐ろしい刀であった。そうしてこの刀は、人を斬る前に必ずカタカタと音をたてた。刀自身が人を斬り血を吸いたいので自然にカタカタと動きだす」という。このように恐ろしい刀なので、「あまりの恐ろしさにアイヌたちは人もめったに行かぬ山奥に捨てに行く」のだが、不思議なことに人より先に家に帰ってきているのである。だから大きな石をおもしにして底無し沼に捨てたのである（『サルンクル物語』一九七六年）。

人喰い刀の物語の存在は、アイヌ文化のなかにあって、切れる刀が存在したか、実際にその刀で災厄を被ったかの事実を反映しているかにみえる。

河野常吉氏という北海道史の鼻祖《びそ》がかつて記されたことがある。すなわち、

蝦夷地の刀狩り

松前氏の権力確定し蝦夷を支配するに及びては、利器をアイヌに所持せしむるの甚だ不得策なるを以《もっ》て、刃金の入りたる刃物は一切之《これ》を渡すことを禁じたり、

と（『河野常吉著作集』一九七四年）。刀狩りの名残を思わせるような事実はある。岩崎奈緒子氏はクナシリ・メナシの蜂起を軸にアイヌとシャモとの関係史を論じた刺激的な好著のなかで、アイヌたちがシャモへのツグナイ、手印として「たんねつふ一振《ひとふり》差出」した記事をひいておられる（『日本近世のアイヌ社会』一九九八年）。この場合の「たんねつふ一振」というのはタンネップイコロ（tannep-ikor 長い太刀の・宝物）のことで、武器としての機能はないものの美しく装飾された飾り太刀拵えをさしている。アイヌの人びとはこれを宝物として珍重し、盛装のさいにおさたちが身に帯びるものとなっていたことはさきに述べたとおりである。

みずからの責任を償うために賠償として差し出す品物をアシンペ（asinpe 出る・もの）もしくはツグナイというが、よそのコタンとの紛争のさいにも解決手段としてこのアシンペをおこなう。すなわち正否をめぐる論争において、理にかなわぬものが負けとされアシ

ンペを差し出す。岩崎氏の引用例の場合、武力紛争のかかわりもあってことさらアシンペとしての「たんねつふ」が強調されているが、もちろんこれに限ったことではない。その他の宝物もアシンペとなる。しかし、アシンペの第一はやはりタンネップであり、のちには漆器であった。

アイヌのおさがシャモに渡した「たんねつふ」がどういう形態のものであったか説明はないが、前述のように、いうところのタンネップは拵えのみの武具（というよりは祭具）である。差し出したタンネップはまさにその形態のものであった。しかし、ウイマムのごく初期段階にあってはこれがシャモの太刀そのものであったのである。アイヌ語でカムイランケタム kamuy ranke tam（神綬の太刀）というのがあり、多くはシャモ出来の古式のものであるとされる。シャモの儀礼上、太刀を献上したり下賜したりする例は少なくない。対アイヌ交易にあっても、シャモの大将からアイヌの大将へ友好のあかし（こうしたシャモをカムイトクイという）として差し出されたもののひとつに太刀が含まれていたことは充分考えられる。河野氏がいうアイヌの刀狩りは、蝦夷地での勢力がシャモがアイヌよりも優位に立った時点で、こうしたたぐいの武器としての「たんねつふ」を取り上げたものと考えられる。だから、後世見るものは太刀そのものではなく模倣した太刀拵えの形態をとっているのであり、その形態に深くこだわっているのであろう。つまりアシンペとしてタンネップを差し出すのは武器を使わない、武力闘争はおこなわないという意思表示であり、刀狩りの名残とみることもできよう。

蝦夷後藤

このようなタンネップ類を飾るのに、鹿角《ろっかく》をはじめ、銀や金銅の多くの飾り金具を必要とした。鹿角はもちろんアイヌ自製であるが、飾り金具はシャモの職人たちの手になるものであった。アイヌの人びとに向けて下手《げて》な細工物を売り歩く金工《きんこう》たちである。かれらのつくったものは銀や金銅製品だけではない。真鍮《しんちゅう》あるいは鉛《なまり》などの素材を用いた粗悪品すらある。アイヌの人びとはそうした粗悪な飾り金具をエムシの荘厳《そうごん》に用いていたのである。この金具類を製作した一派に蝦夷後藤といわれる存在がある。蝦夷後藤については秦檍麿《はたあわきまろ》が言及してはいる（『蝦夷島奇観』）が、その存在については疑問視されている。とはいえ、古式を示す金具が存在することは事実であり、それが二次利用でないかぎりそれを作成した金工は存在したであろうし、のちに蝦夷拵えといわれる太刀拵えの荘厳は蝦夷地の金工ないしは蝦夷向け金工の存在したことを物語っている。

かつて津軽浪岡城《なみおかじょう》址から鋳型が出土したが、その鋳型による製品はアイヌ向けの金具であることが推定される。しかし、上質の鋳型ではない。また、ドイツとアメリカの博物館には木製の鋳型がアイヌ民族資料のなかに収蔵されており（図31）、これは比較的融点の低い、錫や鉛の鋳型とみられている。アイヌの人びとが利用したものかシャモの金工が用いたものか定かではないがその素材の粗悪さが理解されよう。

蝦夷拵え

こうした飾り金具類で装飾された太刀拵えを蝦夷拵《えぞこしら》えということがある。その蝦夷拵えであるが、意味するところはふたつある。ひとつはいわゆるアイヌの人びとがみずから作成したエムシやタンネップなどをさす。これは自製の木製拵えにシャモから入手した粗悪な装飾金具を施したものであるが、アイヌの人びとは宗教儀礼に用いている。いまひとつは、太刀拵えや腰刀に金・銀や真鍮・鮫皮などで華美な装飾を施したものでシャモが作成したものである。アイヌの人びともこれを珍重してイコロとして大切に扱うが、異国趣味を彷彿《ほうふつ》させるものとしてシャモ向けにわざわざつくられたものもある。アイヌ向けのものは（たとえば室町期と推定しうる金具で荘厳する初期のものを除けば）安手の銀もしくは真鍮製であるが、シャモ向けのものは素材や細工など贅《ぜい》を凝らしたものが存在する（図32）。ついでながら、アイヌの人びとが製作した木製品はシャモのみやげものとして珍重されたが、それ以外にも蝦夷地の産物は異国情緒を示すものとして、たとえば歌舞伎衣装にアイヌ文様のあるものが用いられたり、緒締《おじ》めや風鎮《ふうちん》に女性

図31　木製鋳型（『アイヌの工芸』展図録による）

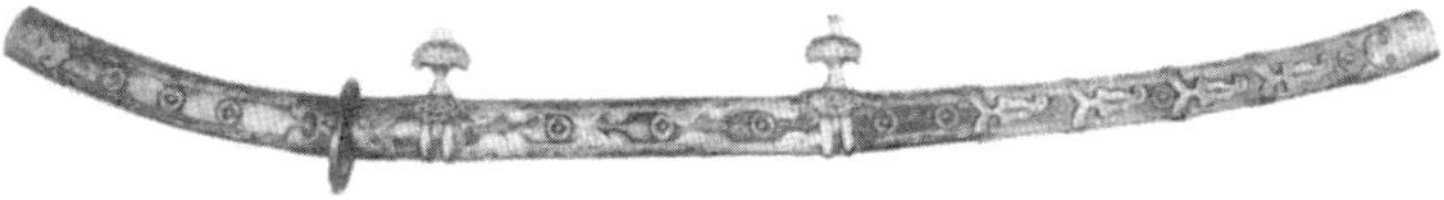

①蝦夷拵太刀（エムㇱ：シャモ出来の飾金具で荘厳したもの）

②エムㇱ（アイヌ自製のもの）

③蝦夷拵腰刀（イコㇿ：シャモの使用したもの）

④イコㇿ（アイヌ使用のもの）

図32　エムㇱの種々相（『アイヌ芸術』による）

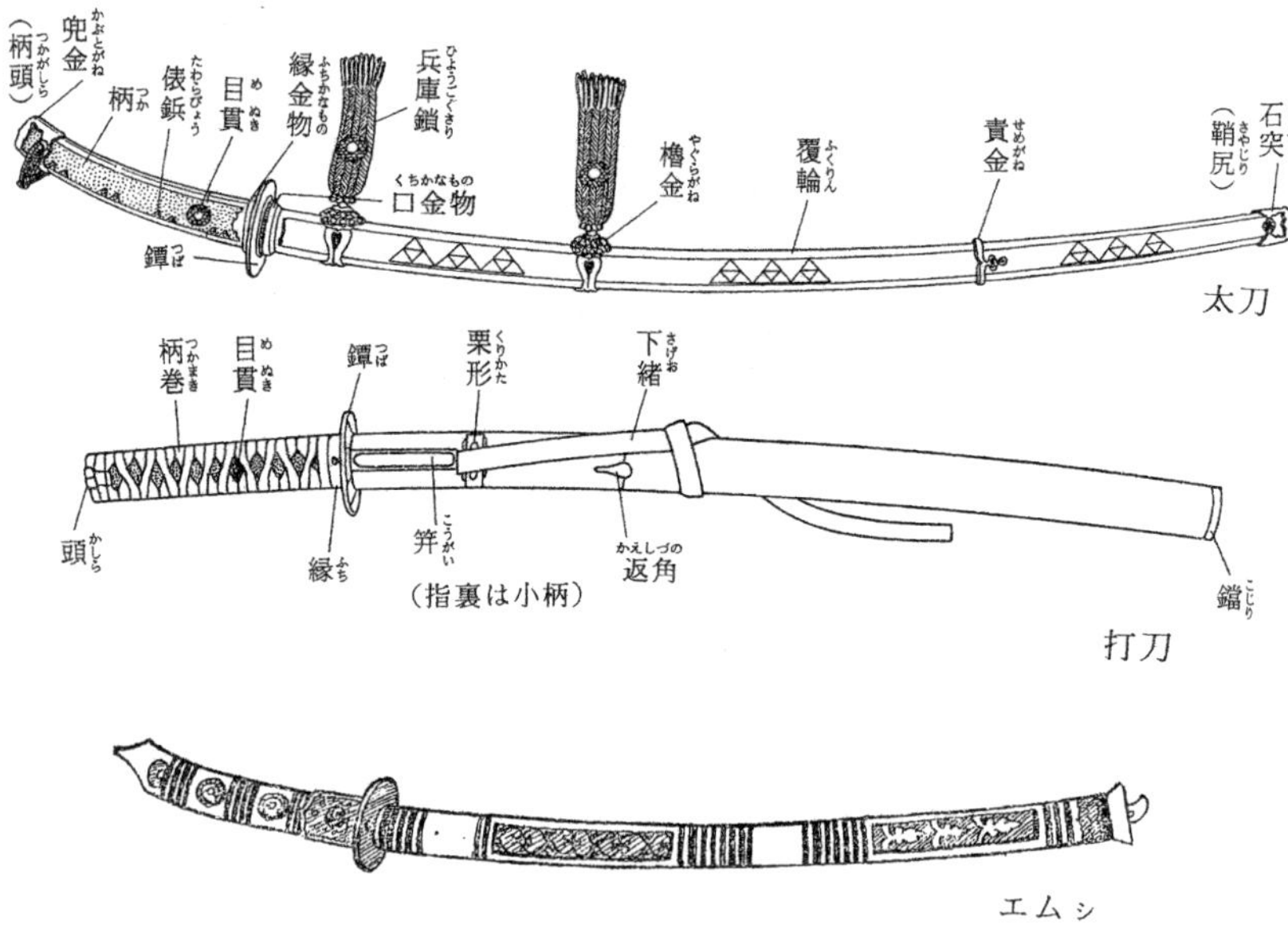

図33　シャモの太刀・打刀とエムシ

図34　鉄製銀装鍬形（東京国立博物館保管）

の首飾りに用いる青玉《あおだま》が使用されたりした。上田秋成《あきなり》がトンコリ（五弦琴）を弾いている自画像を描いたり、真田幸貫《さなだゆきつら》のごときは『夷酋列像《いしゆうれつぞう》』の模本の表具に蝦夷錦を使い、軸《じく》端《はな》はアイヌ細工の筆軸を使用したりして、ことさらの異国趣味を強調している（口絵）。

錆びた刀身

タンネップやエムシの刀身が板っきれか真鍮、もしくは錆びたなまくらであると述べた。アイヌの人びとは刀を抜いたとき、それがピカッと光るとそっと忍び寄ってきた悪霊に気づかれてしまって、悪霊を切ることができないので、錆びた光らない刀身を用いるのだという。これはイペタムを懼《おそ》れる伝承とも一致する思想といえる。切れる刀、光る刀はいうまでもなく、はがねの刀そのものである。そしてそれはシャモの武器にほかならない。錆びた刀身にこだわるのは切れる刀とそれを常に持つ者への畏れがあったからといっていい。そしてこうした伝承が生まれる背景には、切れる刀、光る刀をもってアイヌをおどしながら蝦夷地でのシャモの力が絶対的に優位な位置を占める状況にいたったことが大きな要因となっていることを指摘しておくことにしよう。

タンネップはシャモの太刀拵えを模したものであるが、これに限らず、アイヌ文化のなかには日本の古態の武具の形態が珍重されている例が少なくない。

古態の武具

その第一は鍬先《くわさき》である。大鎧《おおよろい》の兜《かぶと》につけられている角《つの》の部分で鍬形《くわがた》ともいう。アイヌ文化ではペラウシトミカムイ（pera-us-tomi kamuy 箆《へら》をお持ちの宝である神さま）とかキラウシトミカムイ（kiraw-us-tomi kamuy 角をお持ちの宝の神さま）などと呼ばれている。田村麿伝説を伴なう鍬形にも以た古式のそれである。新井白石がはじめて紹介している（『蝦夷志』）が、アイヌ文化のなかでは病人の枕頭《ちんとう》においたり、からだを撫でたりして病魔を退散させる呪具《じゅぐ》として用いられている。おさたちが用いるのを常としているが、かれらはこれを地中や山奥の洞穴深く秘匿《ひとく》するため、伝世されるものはなく、偶然に発見されたものが今日に伝えられる。蠣崎《かきざき》波響《はきょう》、秦檍麿《はたあわきまろ》らが絵画に残しているほか、松浦武四郎や杉山寿栄男《すえお》氏が所蔵していた。今日では東京国立博物館が保管する四点と杉山氏旧蔵（東北歴史博物館蔵）の二点のみが知られている（図34）。杉山氏旧蔵分は平成13年度刊行の『アイヌ関係資料図録』によって再確認された。

ハヨクペ hayokpe というのがある。本来は神々が人間の世界に来臨されるときの扮装《ふんそう》のことであるが、アイヌ文化の鎧《よろい》の謂《いい》としても用いられている。革の小札《こざね》を綴った挂甲《けいこう》（かけよろい）の形態をもつもので、やはり新井白石が紹介している。完全なものとしては、樺太白浜で蒐集したものが東北大学とユジノサハリンスクにあるサハリン州立博物館に保管されている。残欠ないし原形態を保持していない状態にあるものが東京国立博物館およびドイツのハンブルク市立民族博物館に保管されている。ハヨㇰペの伝世品はこの五件（ハンブルクには別のハヨㇰペの残欠の一部がある）のみである。樺太、仙台の例をみても実戦にはほとんど使えないタイプの鎧がなぜアイヌの人びとに伝えられたのか、また、日本の武具史のなかでは姿を消して久しい挂甲がなぜアイヌ文化に残されたのだろうか。この革鎧は小札の形式や威《おど》しの技法などからみてシャモが作ったものである可能性が高い。この武具への疑問はつきない。

古態とはいえないが、切れる刀がアイヌ文化に伝承されていた例がある。二〇〇〇年に北海道上《かみ》ノ国《くに》町のアイヌ墓地から出土したものであるが、打刀の形態で鍔《つば》と非常に大ぶりの切羽《せっぱ》をもっている。日本史にいう室町時代から江戸時代初頭にかけての刀剣である。刀身もそれほど長くはなく、腰刀（脇差《わきざし》）に相当するものといえる。刀身は錆びてはいるが、エムㇱなどの刀身とは異なり、本来有効な武器であったものが地中においてその性《しょう》をなくしたものである。鍬先の例と同じく地中深く秘匿したための劣化である。上《かみ》ノ国《くに》だけではなく戦前にも釧路《くしろ》などで出土例がある。これは武器として使用しうるものであるが、刀狩りを意識して地中化したものか、あるいは宗教上の理由から埋めたものかは定かではない。

アイヌのおさたちが、貴重な刀剣類を宝刀として崇め「……平常は家内のものにもこれを知らしめない程であった……アイヌの古老達はこの宝刀を拝ませて貰ふため……巡拝を行なった」とは杉山寿栄男氏の説くところである（『アイヌ芸術』）。

やはり、ウイマㇺの初期には、衛府の太刀をはじめとする日本文化の中の秀れた武器がもたらされていたことを物語っている。こうした利刀が鈍刀、そして極端には木刀に変化した理由について河野常吉氏は①交易のためごまかされてもシャモが持ちさる、②ツグナイとしてシャモにとられた、③宝物を岩穴・土中に秘蔵するなどで、アイヌの手許から失なわれ鈍刀になったといわれる（河野常吉著作集』）。

ウイマム

たびたびウイマㇺということばを使ってきた。ウイマㇺ uymam はアイヌ語の中では、交易する、交易に行くという意味の動詞と交易という名詞として用いられる（『アイヌ語沙流方言辞典』）。一説に日本語の初見え（ういまみえ）あるいは目見えから転訛したともいうが定かではない。その語の意味するとおり、むかしアイヌのおさがシャモのおさのもとに出かけて交易したことに由来する。一七世紀にはイシカリのおさが津軽へきたとか、メナシ（北海道東部）のアイヌが下北へ交易に来ただのという記録がのこされている。

ウイマムのはじめは、アイヌのおさがシャモのおさのところに出かけてくるだけではなく、シャモがアイヌのおさのもとを訪れたというような、友好的な相互交易関係であったと考えられる。やがてアイヌのおさがシャモのおさのもとに目見えにくるという関係が主となる。蝦夷地におけるシャモの勢力がアイヌのそれに勝るようになると、アイヌを有効に支配するためにウイマムは積極的に利用されるようになる。

たしかにウイマムはアイヌにとってもシャモにとっても、その当初は新たな知識と文物を取り入れる場として重要であった。実際おたがいがもたらす文物には目新しいものが少なくなかった。シャモの文化には山旦渡りの衣服（蝦夷錦）やガラス玉、鷲の羽根、ラッコの皮などが好んでとりいれられ、アイヌ文化には漆器、武器、武具、酒などがもたらされた。

ウイマムの初期の儀礼についてそれがどのように執行されたかはよくわからないが、コシャマインの戦争前後の記録から類推するに、館《やかた》うちに招じ入れたアイヌのおさとシャモのおさとが互いにあいさつの礼をかわしたあと、それぞれの進物におよびついで酒宴に移るというさまであったらしい。アイヌの人びとに後世みられる儀礼などから考えると、アイヌのおさがシャモのおさにあいさつ（金田一氏は会釈という）の辞を述べるというのがおそらく最重要な儀礼であったと思われる。

故事をふまえた荘重な言辞をもってシャモのおさに向かって朗々と述べるさまは、金田一京助氏の報告によっても髣髴《ほうふつ》させられる。その会釈の辞を紹介してみる（『ユーカラ概説』一九三一年）。

Kotan at'akka moshir at'akka	郷は沢なれど　国は沢なれど
Aeoina kamui kamui ekashi	われらが伝への大神　神のみ祖の
Aeeupashkumap nupur Sar kotan,	ふるごとに語り伝へし　あやに尊き沙流の郷
Ainu moto eshipirasap	人間のみなもと　そこに啓けてひろごりたる
kiyanne kotan tan kamui kotan,	郷々のいや年上の　これの神郷、
kotan-upshoro o-ek ekashi	郷のふところを　出で来られし翁
chierankarap chiko-onkami	懃のよろこびと　礼拝とを
ae-ekarkanna.	さゝげまつらむ。

これは三石の長老が沙流のワカルパ翁に述べた会釈の冒頭であるという。これに対して翁が答えたことばは

Ekashi irenka shiroma hine	祖翁の心掟て　なごやかに
utashpa pakno aukopaserep	かたみに　相うやまひ来れる

akor Nitush akor Sar kotan,
iki rok awa, ashir amkir
aki yakka-iki teeta itak
a-pirka-ye wa a-en-nure yakun
i-onuitasa, aukopaserep
ekashi kar itak ne a kusu
ekor pirka itak eonuitasa,
eashke kashi k'eko-onkami na.

わが三石と　わが沙流の里
さすがに、初の見参を
するわれらなれども　ゆかし古語
ねんごろに仰せきかされたりそれに就きては
かへしとして当方よりも、敬ひ合ひ来し所の
祖翁の云ひ置きし詞　のまにまに
ねもごろなるおん詞の　かへしとして
手をあげて揉み　恭しく拝しまつるかな。

なんとも洗練されたアイヌ語であり、加えて金田一氏の文語訳もすばらしい。ためしにこのアイヌ語、日本語ともに声に出して朗読してみられるといい。これを語り合うワカルパ翁たちのすがたが浮かんでくるだろう。おそらくウイマムもこのようなことばのかけあいであったはずだ。とりわけアイヌのおさたちにとって、こうしたことばを口に上せることとは神への祈りことばと同様に重いものであった。

　こうしたことばによる挨拶儀礼がすんだあとにお互いの品物の披露交換におよんで、そののち酒宴となる。このときにアイヌの人びとは美しい漆器や、古式にのっとった武器な

どを得、うまい酒を酌みかわしたのであろう。

酒宴のあとのだまし討ち

シャモとアイヌ間の酒宴ということになると、きまってシャモによってだまし討ちにあったという話がでてくる。たとえば、一五一五（永正一二）年にアイヌの蜂起があった。蜂起の中心となったのが庶野訇峙兄弟（ショヤコウジと読むと。余談であるが、近年これをショヤ・コウジと兄弟ふたりの名前の併称とするのがなかば定説化しているが、おそらくアイヌ語地名のショヤカウシ〈soya-ka usi 磯岩の岸のうえに・いつもあるもの〉の音訳であって、ふたつに分けてよむ必要はない）である。蜂起を鎮めるため、蛎崎光広は和睦と称して、ショヤコウジ兄弟とその一党を招き酒宴となる。そののちかれらは宝物を見せられて喜んでいるすきに、光広と家臣たちにひとりのこらず討ち果たされてしまう。こののち、タナサカシ、タリコナなどといったおさたちも同様に和睦をもちかけられて結局だまし討ちにされる。

なぜかれらはかくもやすやすとシャモのだまし討ちにあったのだろうか。アイヌ勢力を怖れていた光広はおそらくショヤコウジたちをウイマムと称して招いたのである。前にみたとおり、ウイマムは単なる交易の場ではなく久闊を述べる挨拶儀礼の場でもあった。シャモの側からもことばをつくしておさたちにウイマムをもちかけたのであろう。だから、ショヤコウジにかぎらず、おさたちは久闊の辞を述べるために威儀をただして館を訪れた。一連の儀礼を執行したあとの酒宴である。おさたちはシャモのおさと重々しくことばをかわすことによって友好のための最大の儀礼は終了したと考えていた。シャモの姦計はそのすきを突いたのである。

ウイマムをもちかけられたアイヌのおさはそれを拒むことはなかったのである。

漆器——この摩訶不思議なるもの

アイヌ文化のなかの漆器

アイヌの人びとは漆器を非常に好んでいる。金田一京助氏は「神伝（カムイオイナ）」中のイヌマ inuma に註して、「伝家の宝物として、時には命の代償ともなる所の祭器、酒器（行器《ほかい》、半挿《はんぞう》、銚子《ちょうし》、角盥《つのだらい》等の漆器）の類を、常には、家の上座に積みかさねて飾り置く。この宝の積みかさねを inuma また iyoikir と」いうとしている（図35）。

イヌマまたイヨイキㇼは家屋の上座隅に必ず設えられており、その積みかさねたものの多寡はいうまでもなく、その家が富んでいるか否かをはかる目安ともなる。漆器は実用のものであると同時に富と権威とを示す重要な宝物でもあった。

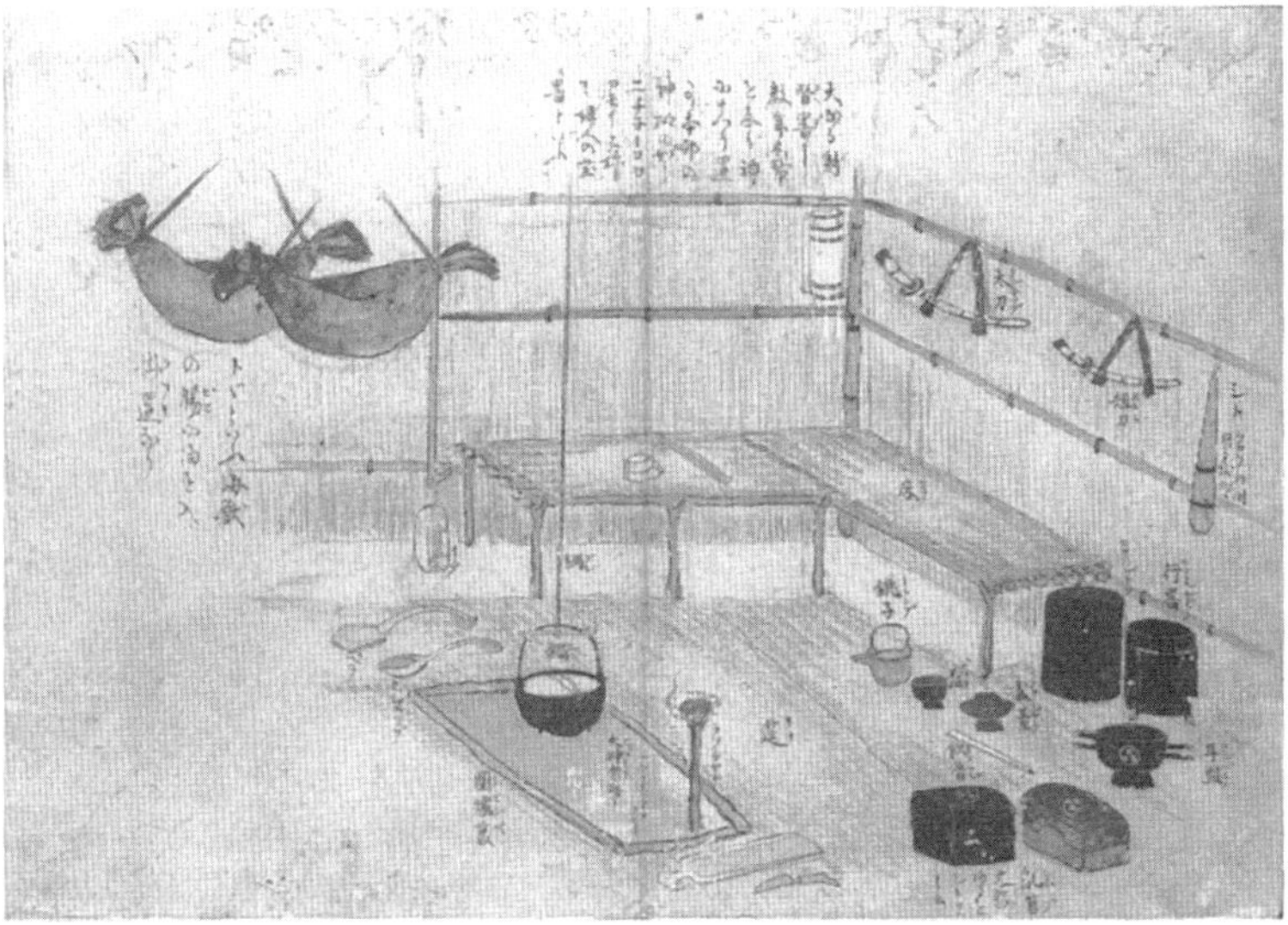

図35　宝壇の例（『蝦夷島奇観』）

もうずいぶんと昔、わたくしがある地域の旧コタンを調査したときのことである。朽ち果てた廃屋があった。もともとアイヌのおさが住んでいた家だという。チセという伝統的な家の造りではなかったが、興味もあったので、そっと入ってみた。建てた当初は立派な日本式家屋であったのだろうが、ひとが住まなくなってずいぶんとたっているせいか壁は落ち、畳は腐り果てて何ともものすごい状態である。奥座敷が目についたので苦労をしながらいってみると驚いた。床の間が造られている。そしてそこには行器《ほかい》などの漆器がきちんと並べられたままであった。床の間がイヨイキㇼの役割を果たしていた。日本式家屋にかわってもアイヌの伝統は守られていたのである。この家を引き払うとき、もはや無用になった宝物は残していったのであろう（もちろん、これらは教育委員会に連絡をしてきちんと保管の措置をとっていただいた）。

ところで漆はアイヌ語でウッシ ussi、漆の木は ussi-ni である。ウッシは日本語のウルシの借用であることは疑いない。urusi が転訛《てんか》したものであろう。ことばが借用であることとまた、たとえば知里真志保氏はその辞書（『分類アイヌ語辞典　植物編』一九五三年）においても漆に関する伝承を記載していないことなどからアイヌ文化には漆を利用する技術は存在しなかったと理解していいと思う。もちろん、北海道にもヤマウルシやツタウルシなど漆の木は自生しているし、ツタウルシは樺太にもある。ただ樹液を利用する発想と技術とがうまれなかった。だから、アイヌ文化に伝わる漆器のすべては交易によって得られたものである。日本漆器が中心となっているのはいうまでもないが、おそらく中国漆器が将来されていた可能性もある。しかし、アイヌに伝世されている漆器に明確に中国のものと思われるものは現在まだ確認できていない。余談であるが、ヨーロッパの博物館で日本漆器がナーナイの資料として分類されている例に出合ったことがある。誤って分類されたわけではない。きちんとかれらの村落から収集されたものである。いわゆる山丹《さんたん》交易の結果、かの地にもたらされたものであろう。

イクパスイなどの祭具のなかにも漆を塗ったものがあるではないかという人もあろう。宗教儀礼に用いる大切な道具に漆を塗るぐらいなのだから伝世された技法があるだろうと。しかしこれはシャモの塗師《ぬし》によるものである。みずからの手で彫刻を施した品物をシャモに渡して着彩させている。アイヌの人びとの漆に対する意識をみることができる。

伝世された漆器群

現在に伝世されるアイヌ文化のなかの漆器にはどのような種類のものがあるのだろうか。思いつくまま名称をあげてみよう。

杯《さかずき》、椀《わん》、天目台《てんもくだい》、高杯《たかつき》、膳、銚子、長柄《ながえ》銚子、湯桶《ゆとう》、片口、半挿《はんぞう》、耳盥《みみだらい》、角盥《つのだらい》、盥《たらい》、

行器《ほかい》、食籠《じきろう》、合子《ごうす》、塗り樽《たる》、塗り壺、唐櫃《からびつ》、手箱などといったところか。このすべてに対してではないが、アイヌ語名が付されているものをあげてみよう。トゥキ（杯）、タカイサラ（天目台）、オッチケ（膳）、エチウシ（長柄銚子）、エトゥヌップ（片口）、トコムシパッチ（耳盥）、キラウシパッチ（角盥）、シントコ（行器）などである。

このほかたとえばプンタリ、オンタロなどがあり、それぞれ「ほだり」「樽」の転とされる。こうした日本語からの借用は、トゥキ←つき（坏）、タカイサラ←高い皿、オッチケ←折敷《おしき》などにもある。またシントコは越前あたりで行器《ほかい》をいうことばだという説が古く杉山寿栄男氏から提唱されているが、未だに確認できずにいる。

こうしてみると、日本漆工芸を代表する作品である手箱、硯《すずり》箱などのような比較的小型の箱類が少なく、盆、机、棚、鏡台、印籠《いんろう》といったもののもないのに気づく。加飾技法についても蒔絵《まきえ》ないし漆絵のものがほとんどで螺鈿《らでん》などは伝わらない。では上述のような漆製品にこだわったその理由はなんであろうか。

単純に言い切ってしまえば、酒造りとそれにともなう儀礼のためである。伝世品で見るかぎり最上徳内《もがみとくない》が『渡島筆記《わたりしま》』で「都《すべ》て蝦夷の器財は皆酒宴の道具にのみ用」いるなどと述べているとおりの様相を呈している。

酒

ならばここで、アイヌの酒についてみておく必要があろう。酒はアイヌ文化とりわけ北海道アイヌにおいて、神をまつるうえではなくてはならない存在であり「造酒即祭祀若《も》くは祝」になっているとは金田一京助氏が説くところである。同氏はさらに北海道アイヌにおいては「古来、神を祭るに酒がなければならぬと共に、酒があれば必ず神を祭った。自分は、その神の口の末pa-kesh、即ち神様に上げて、神様の口をつけた其《その》飲みさしを頂くといふ心持で飲むのであつて、決して燗《かん》をして飲むの、肴《さかな》が無くては飲めないの」ということはないとつづけている（『アイヌの研究』）。まさに酒は神とともに存在したのである。

ところでアイヌ語で酒にかんする語を『蝦夷語集』でみてみよう。

うすきさけ＝カパルシャケ

漉《こ》し酒＝チヌンバシャケ

古酒＝リイシャケ

酒＝シャケ、チケンベ、トノト、アラキ、チクップ

白酒＝レタルシャケ、チヌンパシャケ

新酒＝アシリチケンベ
清酟《すみざけ》＝ベケッシャケ
清酒＝ペケラシコロ
濁酒《どぶろく》＝ヤヤシャケ、ネカルシャケ
毒酒＝イアタマシャケ
濁り酒＝ヤヤシャケ、チカルシャケ
美酒＝ピリカシャケ
冷や酒＝ヤムシャケ
御酒＝カムイノミシャケ
諸白《もろはく》＝シャケベ
醪《もろみ》＝シラリコルペ
酒粕《さけかす》＝シャケシラリ、シラリ
醸《かも》す＝シャケカル
麹《こうじ》＝カムダチ、カミタチ

『蝦夷語集』は上原熊次郎が文政七（一八二四）年ころに著した自筆本である。したがって誤写の可能性はない。が、熊次郎が日本語をアイヌ語訳した語も含まれているので扱いは一筋縄ではいかない。

上記の語彙の中では「シャケ」のつくことばが多く用いられており、この語はもはやアイヌ語といっていい。つまりアイヌ語のシャケは日本語の酒（さけ）が借用されているらしいことは理解されよう。もっともアイヌ語ではサもシャも同音だから音声的に区別はない。

酒そのものをあらわす語として「シャケ」のほかに「チケンベ」「トノト」「アラキ」「チクップ」があげられている。ペケラシコロも「シャケ」をともなわない語である。チケンベは cikempe（われら・舐《な》める・もの）、トノトは tono-to（殿様の・乳）、チクップは cikup（われら・飲む・もの）となり、この中ではアラキだけが異質である。これはアイヌ語ではなく、山旦語からの借用であり、ウイルタ語、ニヴフ語にも共通する。『辺要分界《へんようぶんかい》図考《ずこう》』（近藤重蔵、一八〇四年）によれば蝦夷人が山旦人と交易する品物として、アラツケ（酒）があるがこれと同じことばである。ただし、日本にも長崎経由で阿刺吉（アラキ）という酒が入ってきてはいる。しかし、この語が日本経由で山旦にまでいく可能性はまったくない。この酒はシャモからアイヌに齎《もたら》されていないからである。ペケラシコロはペケレアシコロpeker-askor（清んだ・酒＝ベケッシャケも同じ）であろう。このほかに『渡島筆記』は「酒をチケンべといふ、濁酒をヤ、サケ、又清酒をアブラサケとも」いうと記している。

サケ（酒）ということばが入る前のアイヌ語では、酒をなんと呼んでいたのだろうか。トノトはシャモとかかわりの深いことばである。チケンベ、チクップであろうか。アシコロは萱野氏の辞書に「酒」とあるし、久保寺氏もその語を採録しやはり酒の訳をあてている。「chi-kusa-ashkor（われら・積み込む・酒＝船来酒）」というような使用法があげられているし（久保寺氏による）、カムイアシコロなどともいう。中川裕氏の教示によると物語に出てくるアシコロは発酵した状態のものをさすという。自然発酵させる類酒的なものとして、イタヤやシラカバの樹液を用いる例がある。とみるとあるいはアシコロがアイヌの本来的な酒をあらわしているのかもしれない。

このほか濁り酒をヤヤサケという。これはヤヤンサケyayan sake（ふだんの・酒）のことであるから普通の祭礼や儀式など普通に用いられる酒であることを示している。清酒をアブラサケというのは「油のようにとろりとした上質の酒」の意味で、『和漢三才図会《わかんさんさいずえ》』にあるような魚脂を飲むから脂酒《あぶらさけ》というのではない。ではトノトとヤヤンサケとはどう異なるのだろうか。両方とも濁り酒である。そのことばのはじめは、ウイマムなどの場で白濁した飲み物（濁酒）にはじめてふれたアイヌの人びとはその色合いから「トto＝乳汁」とみ、シャモのおさ（殿＝tono）から下されたものであるからトノトと称したものであろう。

アイヌの酒造法

トノトあるいはサケ以前の語としてアシコロが用いられていたかもしれないと述べた。酒を得る前の樺太アイヌはお祈りのときに、ギョウジャニンニク（プクサ pukusa）を用いたという。これは強烈な臭気を発するので、その臭気を嫌う伝染病などは近づかないので、流行《はや》り病があると村の入り口や家の軒に下げておくことがある。また、麹が手に入る前のアイヌの人びとの酒を醸《かも》す方法として、女性の口で噛んで発酵させるやり方があったという。いわゆる噛《か》み酒である。『塵袋《ちりぶくろ》』などがいうように、日本語のかもす（醸す）は噛むから派生したといわれるように古くからあった発酵法らしく（もっとも本居宣長《もとおりのりなが》は否定しているが）、琉球では近年まで存在した（曽槃《そばん》『成形図説《せいけいずせつ》』）という。このような麹以前の発酵法で造った酒ないし類酒的な存在がアシコロではなかったか。アシコロの語義は判然としない。

アイヌの酒造法において麹が輸入されたことはきわめて画期的なことであった。麹をアイヌ語でカムタチkamtaciというのは述べたとおりであるが、麴の古語である「かむたち」という語が品物とともに輸入されたということになる。「かうぢ」の初見は『曾我《そが》物語』であるとされるから、一二世紀末ないし一三世紀初頭にはすでに用いられていたということになる。「かむたち」という語がどの地方でいつごろまで用いられていたか定かではないが、アイヌ文化に麴が輸入された、そのときの日本語名称が「かむたち」であったことは疑いない。それがそのままアイヌ語として定着したのである。

カムタチを手に入れたアイヌの人びとは、粟《あわ》や稗《ひえ》などを用いて容易にサケを醸すことができるようになった。これがヤヤンサケである。なお、サケにかんしていえば、一六四三（寛永二〇）年のフリースの報告中にその語がみえる。

カムタチを用いてサケを醸す技術を習得したアイヌの人びとは、それを醸すための道具としての漆器に着目した。なかでもシントコのような比較的容量のおおきいうつわは重要であった。一般にシントコに分類されるものは樽、行器、食籠などがある。樽はオンタロontaroというが、木目そのままの樽ではなく、塗りが施されているものが多い。塗りのないものがマサシントコ（masa sintoko＝柾《まさ》のしんとこ）である。こうした大容量のうつわ類がサケを醸す道具として用いられた。もちろんマサシントコも用いられてはいるが、酒槽器《しゅそうき》の大部分は塗り物である。

酒槽器として塗り物を用いる理由のひとつに、アイヌのサケは比較的短時間の醸造ですみ、日本酒などのように長時間ねかせる必要がないということがある。アイヌの人びとにとってサケは嗜好品ではなく、宗教儀礼執行上必要なものである。だから、必要が生じたとき必要な量だけ醸せばよかった。また、サケは神のために醸すものであるから、そのためのうつわもふだん用いるそれとは異なったハレのものである必要がある。そこに貯えられた酒を神にそなえ、そのお裾分けをいただくのである。酒槽器をサケカラシントコ sake kar sintoko（サケを・醸す・シントコ）というが、サケを醸すときにはその胴部に削りかけ（キケ kike）を巻きつける（イナゥコロシントコ inaw kor sintoko）。この場合のシントコは神器でもある。

ハレのうつわは美しく、特別なものでなければならない。アイヌの人びとがサケを造るために漆器を選んだゆえんである。

酒儀礼と漆器

サケを醸す。醸したサケを神にささげる。そののち列席した人びとがお裾分けをいただく。アイヌの人びとの酒儀礼は単純化していえばそういうことである。しかし、そこにはかなり細かい儀礼にともなう作法がある。祖先祭祀などにともなう酒儀礼を一瞥《いちべつ》してみる。

　家のなかにはまんなかにいろりがしつらえられてある。それを中心にして家の入り口の反対がわが横座＝ロルンソ rorun so で、横座にある窓が神聖な神窓カムイプヤラ kamuy puyar である。横座からみて右側を本座＝シソ si so、左側を左座＝ハラキソ harki so という。横座には司祭であるサケイユシクル sake iyus kur と家の主人サケサンケクル sake sanke kur が対座して坐り、参列者は炉頭から神窓にかけて二列に対座する。ふつうの儀礼ではカムイプヤラからみて右側が上座となる（図36）。

　対座した列のあいだにサケの入ったシントコ（サケコロシントコ sake kor sintoko）を置き、そのところどころにシネオッチケ sine otcike（一具の膳。天目台の上に杯をのせ、さらにイクパスイをのせたものを四組置いたもの）（図37）を配する。サケのでき具合いを参列者に披露することをシントコカラカラ sintoko karkar という。その家の主婦が柄杓《ひしゃく》、提子《ひさげ》、片口などをもち、火の神などにサケを披露したのち、酌のためサケを汲み上げる作法である。

　このあと参列者は下座の方からトゥキ tuki（天目台にのった杯）をひと組ずつ取り上げ酌を待つ。酌しおわったらこれを上座に差し出す。ついで上座方から下座方に同様に差し

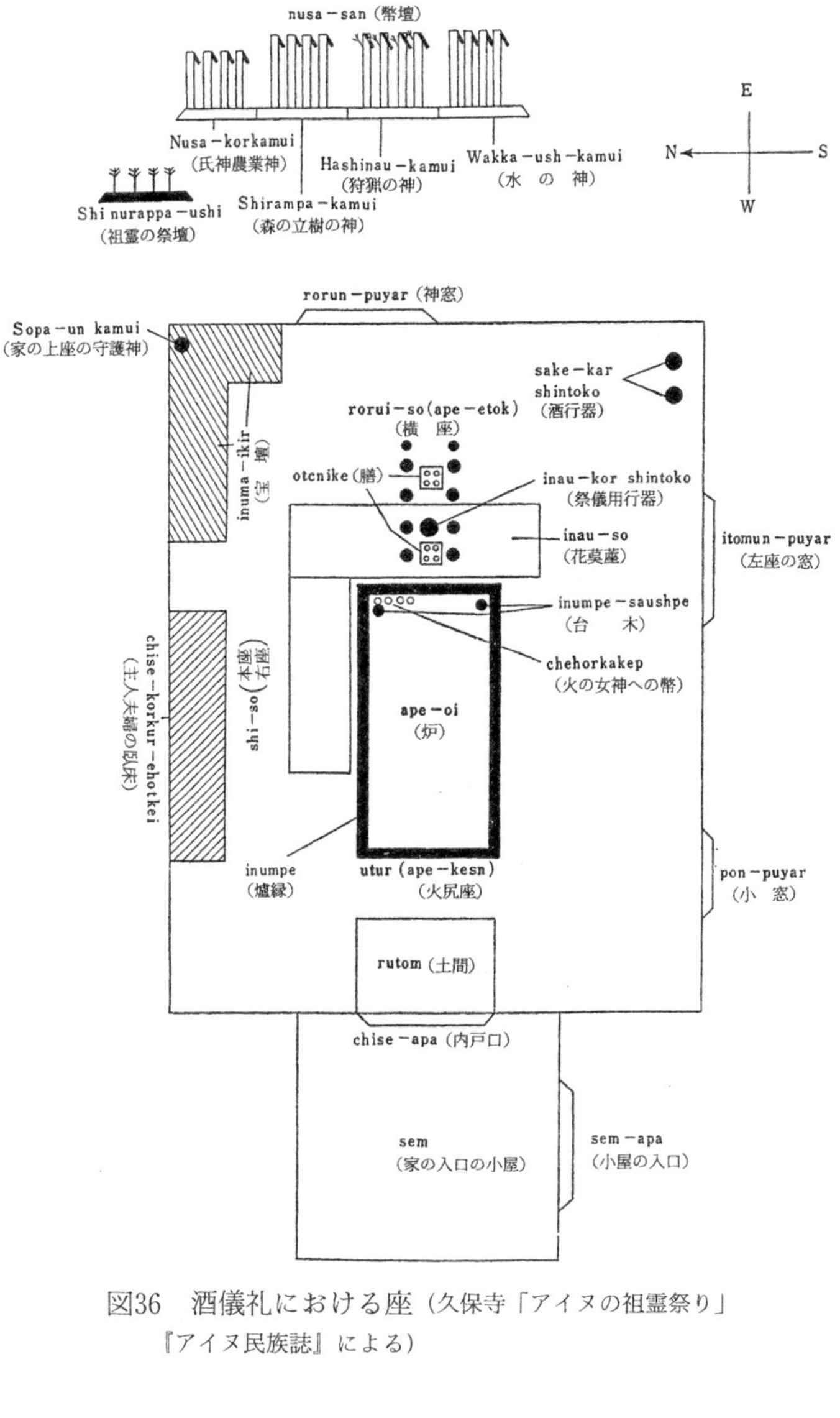

図36　酒儀礼における座（久保寺「アイヌの祖霊祭り」『アイヌ民族誌』による）

出す。こうした献酬《けんしゅう》をなんどもくり返す。この作法をウコトゥキライェ uko-tuki-raye という。そして最後にサケコロシントコを納めて終わる。

かなり複雑な作法が厳粛に執《と》りおこなわれる。こうした酒儀礼は神への祈りとともに進行し、酒宴それ自体が単独でおこなわれることはない。ここで使用される酒器はすべて漆器である。そのなかでとくに注目されるのがトゥキである。

トゥキ　トゥキは天目台の上に杯をのせた形態の祭具である。天目台はタカイサラ takaysara もしくはトゥキエウシペ tuki-e-uspe ともいう。受け台（托《たく》）に鍔《つば》をもちその下に圏足《けんそく》をもっている（図38）。ときに高杯《たかつき》、盃台《はいだい》と呼ばれることがある。日本文化において、高杯は脚のついた皿状のもので、皿の部分にものをもりつける。その用途により皿の深浅、脚の高低に差がある。天目台は茶碗の受け台であり、盃台は盃の受け台であってその目的を異にする。椀はイタンキ itanki という（図39）。

碗の受け台もしくは托としての天目台は本来中国において発達した。とりわけ宋から元にかけて多くみられる。日本には喫茶法とともに寺院に入り、やがて茶道の盛行とともに和風のものが多く造られるようになった。宋代では天目台の上にやきものの平形碗や天目形の碗がのせられる例が多かったが、漆椀《しつわん》や玉碗《ぎょくわん》、銀碗などをともなうこともあった。

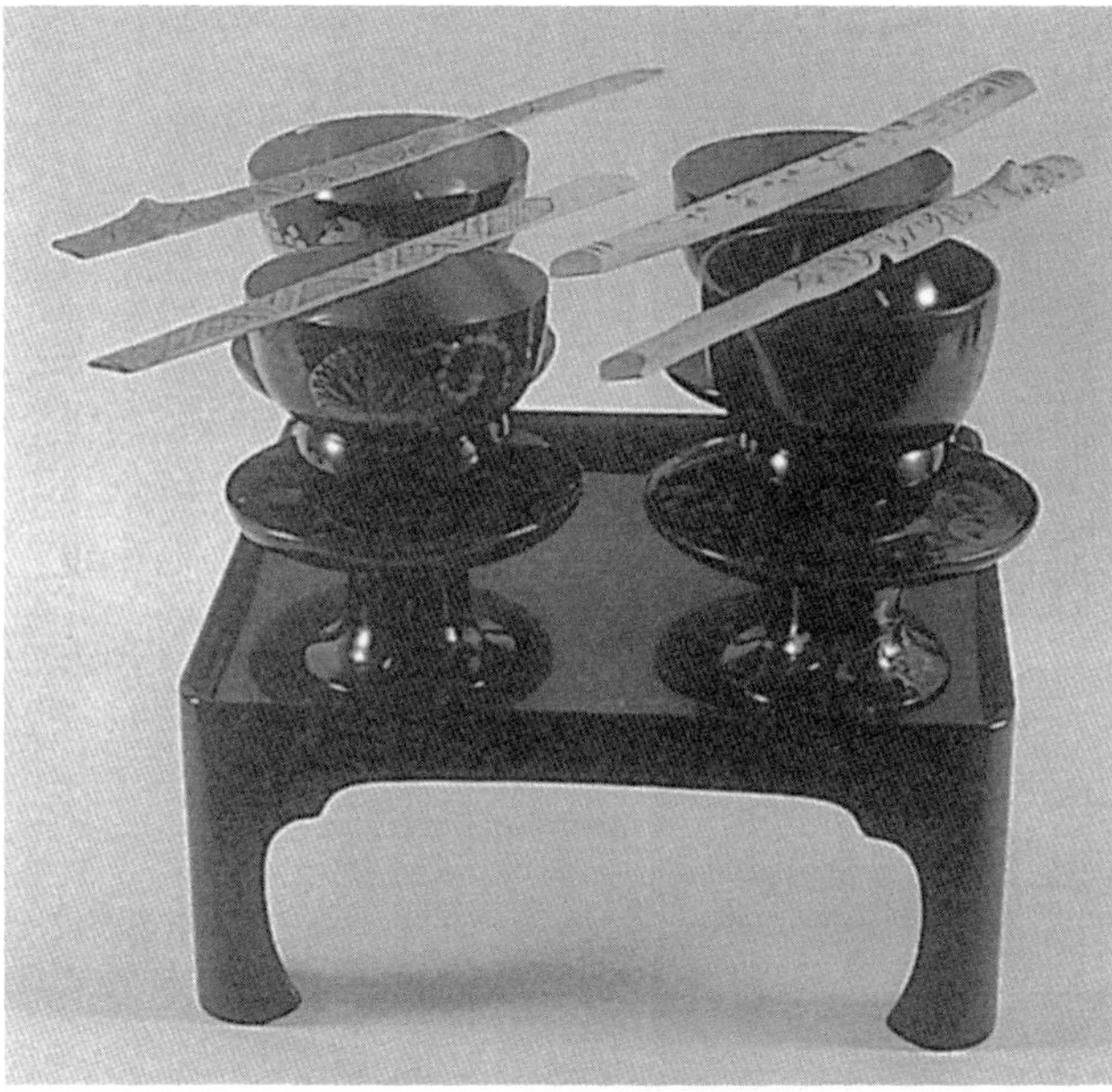

図37　シネオッチケ

図38　タカイサラ

図39　イタンキ

アイヌ文化におけるトゥキは天目台を受け台としてその上に漆椀を載せる。この場合の漆椀はサケを飲むために用いられる。しかもさらにその上にイクパスイ iku-pasuy（酒箸《さけばし》などと訳すが適当な日本語はない。髭揚《ひげあ》げ、髭箆《ひげべら》、捧酒箸《ほうしゅはし》、捧酒箆《ほうしゅべら》、酒棒箆《しゅぼうべら》などの訳は日本語としても不完全である。アイヌ語をそのまま用いるべきであろう）を載せる。イクパスイは神にサケをささげるための祭具であるが、これもアイヌ文化以外ではみることはできない。

ところで、アイヌの人びとは飲酒儀礼においてなぜこれほどまでに漆器にこだわったのであろうか。

先にも述べたように、サケはアイヌ文化に固有のものではなかった。シャモとの交易の結果アイヌ文化にもたらされたものである。とりわけウイマムにおける酒宴の存在が大きくかかわってくる。すなわちサケの輸入とともにそれに使用するうつわの類も一緒にもたらされたのである。日本文化にあって、中世のなかばころの酒器はそのほとんどが漆器であった。さらにいえば、漆器は美しく堅牢でかつ軽量である。遠くへの運搬には最適であったろう。

サケがアイヌ文化に齎されたころ、その不思議な飲み物を味わうことができたのは有力なおさたちだけであったろうし、うつわもまたそうであった。コタンの成員たちに飲ませ、かつゆきわたらせるには充分な量ではなかったと思われる。折りしも、アイヌの宗教儀礼が理論的に整備されはじめたこととあいまって、サケを用いる諸儀礼が整えられたのであろう。土器を使用する文化との訣別《けつべつ》はまさにサケとそのうつわの輸入とにあったのである。

秀衡椀のこと

アイヌの人びとが伝世する漆器のなかに秀衡椀《ひでひらわん》があるという噂《うわさ》が長く信じられていたことがある。秀衡椀というのは藤原秀衡が金色堂造営のためによびよせた工人たちが、南部で作った古い型式の椀のことといわれているが、厳密な意味での実体はわからない。もちろんアイヌ文化のなかに古い形式の漆器が存在していることは秦檍麿《はたあわきまろ》も指摘している。「古椀」に「フシコイタンキ」のアイヌ語を充てている。husko-itanki（古い・椀）である。かれはこの椀について「蝦夷持伝へて酒盃となす、古物を貴ひ新器を賤しとす」といい、大ぶりの外黒内朱《そとぐろうちしゅ》の漆椀で朱漆の花卉《かき》文様を描いたものを図示している。高台が高く描かれるなどなるほど古体を呈している（図40）。この椀がどの地域での知見かをかれは記していないが、そうどこにでもあったというタイプではなさそうである。新しい器が賤しいものとされたのはすでに一八世紀末にあってその手のものが大量に輸入されている事実を示している。

アイヌの人びとが古い漆器類を伝来していることについては、つとに知られていた。これらの漆器類が、一種のブームのように民芸家たちによって収集されだしたのが、昭和一〇年代の前半であった。昭和一二年には民芸家のひとりが北海道から角盥（キラウシ・パッチ kiraw-us patci）の優品一二個を齎し、それが当時の金で一〇〇〇円近くの値がついたというのである。骨董界に異状の波紋が巻き起った。この結果多数の民芸品コレクターが各地のコタンへ赴き、アイヌの人びとから買い集めた漆器類を東京のデパートでの展示会に供した事実がある。

民芸収集家たちには、「アイヌ間にはまだまだ無数の蔵品があつて、今後もどんな名品が出ぬとも限らない」（吉野富雄『日本漆工史私稿』一九七〇年、私家版）といった意識があった。いやがる故老をむりやり宥《なだ》めて、あるいは金で頰を叩くようにして、先祖伝来の品々を持っていかれたというアイヌの人びとの記憶は、あるいはこのころのことであったろう。

そういえば、東京国立博物館にも「北海道アイヌ伝来」と注記された桃山時代の秋草蒔《まき》絵《え》耳盥がある。昭和一二（一九三七）年（当時は帝室博物館）に、とある骨董《こっとう》商から購入したものであるが、それも前述のような方法で東京にもたらされたものだったのかもしれない。

図40　古椀（『蝦夷島奇観』）

図41　シカリンパハ

図42　チェペニパポ

わたくしはずっと昔、久保寺逸彦先生から、杉山氏の茶室の壁一面がイクパスイで埋められていたなどという話をうかがったことがある。氏の収集品はとてつもない量の、しかも質の高い品物ばかりであったという。杉山氏は、アイヌの人びとが伝世する漆器は、囲《い》炉裏《ろり》の煤《すす》が漆の膜面を保護することになるので好都合であるとか、煤が器面についた状態がかえって興趣あふれるものとなっている、などと久保寺先生に語っていたそうである。民芸収集家のすさまじい一面を知る思いがする。

シカリンパㇵというつわ

樺太アイヌのうつわにシカリンパㇵ si-karinpa-x という刳物《くりもの》がある。北海道アイヌ語ではシカリンパㇷ゚ si-karinpa-p（本当に・丸い・もの）となるものである。直径が一二《セン》《チ》前後、高さが一〇《セン》《チ》前後の木製品で、素材はナナカマドあるいは白樺を用いている（図41）。名前のごとく口縁が真円を呈している、薄手のうつわである。製作には轆轤《ろくろ》も彫刻刀も用いないが非常に美しく優れた作域のものとなっている。西鶴定嘉氏によれば「代々相伝の家具だから黝《くろず》んでいるのが普通である」（『樺太アイヌ』一九四二年）とのことだが、なるほど美しい自然光沢を呈している。これは主として飯椀として用いられるが、汁椀には別にニパポ（nipapo）ないしはチェペニパポ（ci-epe-nipapo）と呼ばれる片耳杯《かたじはい》がある（図42）。ニパポはまた酒を飲むのにも用いることがある。

これらは樺太アイヌに特徴的なもので、ニヴフやウイルタ、ウデへなどの民族もよく似たうつわをもっている。口縁部装飾の処理などははるかにアイヌをしのいでいるように思える。この手の刳物は現在のところ北海道アイヌの伝世品からは見出されていない。刳り物の技術は樺太アイヌに比して北海道アイヌは決してうまいとはいえない。そうした技術上の問題なども勘案すると、おそらく北海道アイヌはこのうつわをもっていなかったと考えていい。だから比較的抵抗もなく漆器を導入しえたのであろう。

アイヌ文化のなかに安手の漆器が大量にもたらされるようになるのは、場所請負制が確立する一七世紀末から一八世紀初頭にかけてのことであると思われる。

拡大されたコタン

アイヌの人びとのコタン構造については、随分とむかしにわたくしなりに考えてみたことがある。コタン（聚落、村落 kotan）は本来的にはひとの住むところをいい、人口の多寡にかかわらず、ひとりしかいなくとも、また数万数十万人の住人がいてもその呼称も意味も変らない。

原初的なコタンは、とはいっても元来が非文字社会である。年代をあきらかにすることはむつかしいが、シャクシャインの戦争よりははるか昔、としておこうか。コタンは血縁・地縁に基づく小規模なもので、海に面した川筋もしくは海岸に営まれていた。そのおさをコタンコロクル（kotan kor-kur 村を・うしはくひと）といい、文字通りコタンの精神的な主柱であり、宗教上の権威であり、対外的な代表者であった。このおさを中心に営まれていたのが自然コタンという形態であった。いくつかのコタンがひとりのおさのもとに結集していたという時代こそが、アイヌ文化の萌芽の時期であった。やがて、シャモが渡島半島南部に侵出し、はじめこそは友好関係が保たれていたが、コシャマインやショヤコウジ兄弟をはじめとするおさたちの対シャモの長い大闘争を惹起する時代にあっては、いくつかのコタンが連合状態を呈するようになる。

シャクシャインの戦争の時期には「大将」層を中心に大きな連合体ができあがっていたことはすでに先学の指摘するところである。こうしたアイヌ独自の連合体はやがてくる、蝦夷地の場所請負制の時代にはシャモの意向（強制）によるコタン集合体へと変化していく。コタンの立地も交易に都合のよい船掛かりのよい湾（澗）におかれ、そこに血縁・地縁とは別なアイヌの人びとが集められるようになる。シャモの意向によるこうした形式の集落を強制コタンという。このコタンのおさはシャモが任命する制度へと変化する。オッテナ（ottena 乙名）といわれるおさの誕生である。オッテナはコタンコロクルとは違い、コタンの成員に対しての指導者ではあるが宗教上の権威としてではなく、シャモの意向を伝える権威としての機能をもって接するようになる。しかも、請負場所の規模により、惣乙名、脇乙名などという職階さえ作り出されるに至る（役蝦夷などという。この場合旧来のコタンコロクルは土産取などとして遇される）。

アイヌ文化はコタンコロクルの時代（すなわち自然コタン）と、オッテナの時代（すなわち強制コタン）とでは大きな違いがあるといっていい。漆器の導入に関していえば、コタンコロクルの時代には、かれの存在が権威そのものでもあったから、この時期のウイマムなどはコタンコロクルに対してとりおこなえばことはすんだのである。だから、高級な、古手の漆器など限られた品々がアイヌに対する貢物であった。良質の漆器がアイヌ文化に伝世され、しかもそれがとりもなおさず権威の象徴であった。

ところが、コタン規模が拡大し、シャモとの接触が日常的になると、これら権威の象徴がまやかしの物となってくる。アイヌならば誰でもが漆器を欲し、そしてそれが容易に手にはいりやすくなる。いわば漆器のインフレ化なのであるが、この状況をシャモは対アイヌ交易に悪用し、アイヌ向けの粗悪な製品をどしどし蝦夷地に送り込むようになる。今日にみられるアイヌの人びとが伝世する漆器類の質の悪さはここに由来するといっていい。

シャモが政策的に作り上げた強制コタン。アイヌ文化にとってはコタンが一方的に拡大された形態であり、それにともなって従来の伝統的な生活も大きく変化を遂げることになる。しかし、イオマンテなどの重要な宗教儀礼の執行には、故事に秀でた長老を司祭として迎える行為に、古い時代からの伝統を大切にする姿を見ることができるのである。

住まいと暮らし

かんじき

冬道を歩くのにかんじきという、便利な雪上歩行具がある。日本列島北部に広く分布しているし、北海道アイヌはテシマ tesma またチンル cinru という輪かんじきを用いる。樺太アイヌはスト suto というスキー形式のものを用いている。ここでかんじきについてふれておこう。シベリアのかんじきは大きくふたつに分けられる。ひとつはもっとも広く分布するスキー形式のもので、遠くハンティから、エヴェンキ、エヴェン、チュクチ、ニヴフ、ウイルタ、ナーナイ、ウリチ、オロチなどが用いており、樺太アイヌが南限となる。いまひとつは輪かんじきを細長くした形態のものでチュクチ、コリヤーク、千島アイヌが用いている。スキー形式のものは底部（滑走面）にあざらしの皮

sealを貼ったものと貼っていないものとがあり、ビンディング（装着具、締具）にもいくつかのタイプがある。また樺太アイヌは輪かんじきも用いている（図43）。

北海道アイヌの輪かんじきはシャモのそれと形態的にも作製技法も共通するが、樺太アイヌのそれはシベリアに多く見られるスキー形式のものが主流である。この違いは一言でいえば、樺太アイヌのものは犬橇《いぬぞり》nusoをあやつるのに至便な形態であるが、北海道アイヌは犬橇を用いないからスキー形式は必要としない。

橇

橇は雪や氷のある地域ならどこにも存在しそうである。しかし、現実に北海道アイヌは橇、とくに犬橇を利用しなかった。もちろん犬は飼っている。狩猟にはなくてはならない存在だし、悪霊が近づいてくるのをしらせてもくれる。だが、犬橇はない。なぜだろうか。樺太アイヌが用いる橇（ヌソnuso）は荷を積む橇の部分sike-niと挽《ひ》き綱nuso-tusの部分とがあり、挽き綱に犬を結わえつける首輪hanaとで構成される。犬はヌソ一台に一二、三頭が繋がれる。犬の繋ぎかたにはシベリアでは四つのタイプがあるが、樺太アイヌは一本の親綱の左右に交互にハナをつける形式のものである。親綱の先にはよく訓練された利口な犬を先導犬として繋ぐ。犬はすべて去勢されている。

それではなぜ北海道アイヌの人びとは犬橇を用いなかったのだろうか。

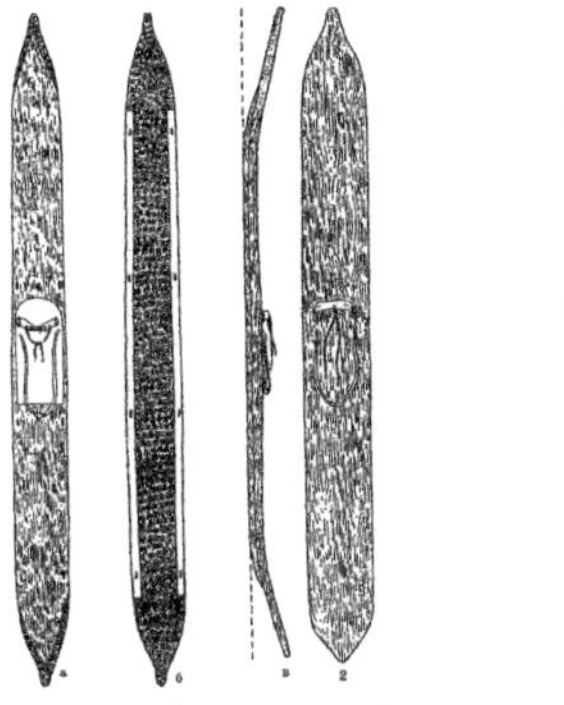

アムール・サハリンタイプのかんじき

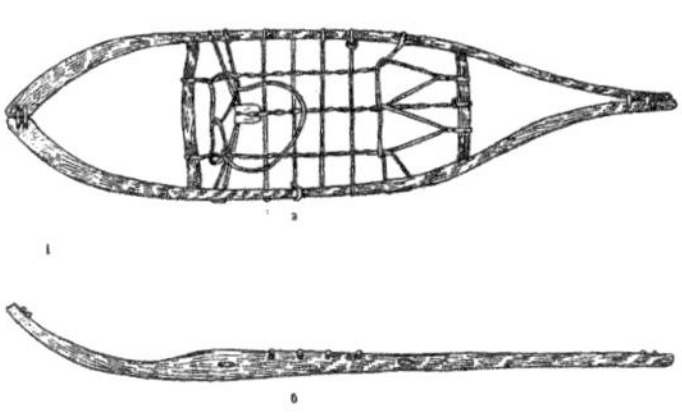

チュクチ・カムチャツカタイプのかんじき

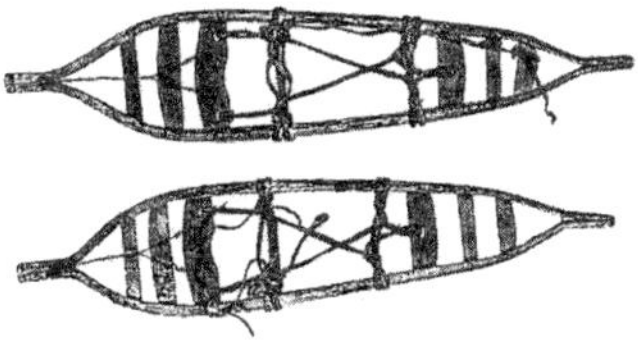

千島アイヌのかんじき

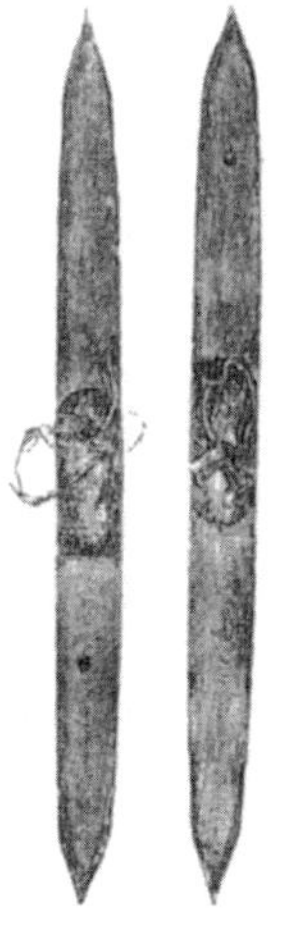

樺太アイヌのストー

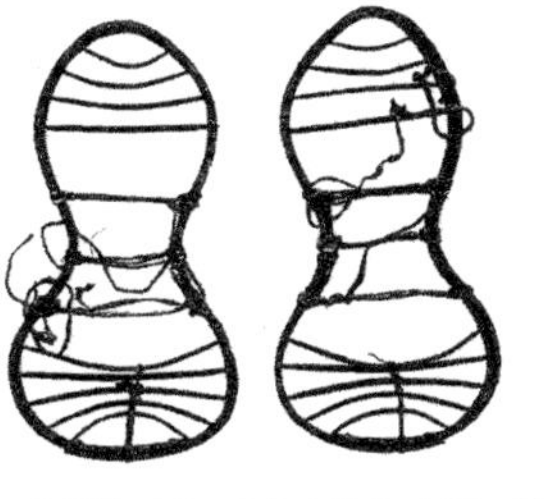

北海道アイヌのかんじき（チンル）

図43　かんじきの諸形態

ひとつの考え方であるが、橇はいうまでもなく雪国での運搬輸送具として発達した。極北諸民族のあいだでもさかんに用いられた輸送手段で、樺太までがその影響にあった。川や海が凍結することから、舟はもちろん冬季は利用できないし、雪道では車は使用できない（そのためか橇には雪偏に舟とか、雪偏に車などの文字がある）。雪国にあっては夏季と冬季とでは輸送手段がことなるのはあたりまえなのである。

北海道ではコタンの多くが川口の海岸部に立地していること、しかも北部をのぞき完全凍結する海岸や河川は少ないことなどから季節によって輸送手段を替える必要がない。またシャモとの交易には大量の運搬手段が必要であり、したがって舟による運搬が一般的であったこと。また板綴じ舟 ita-oma cip のような比較的大型の準構造船をもっていたことなども理由になるかもしれない。

輸送文化は樺太と北海道とでは大きく異なっている。ただ、北海道でも北部アイヌ文化圏には犬橇はあったかもしれない。

防寒

冬ということで気がつくのは、樺太アイヌは防寒ということを強く意識しているのにくらべると、北海道アイヌは寒さをさほど恐れていないのではないかと思われるほど、防寒性の強い物質文化が少ない。冬の厳しい寒気に対して、樺太では手袋（マトメレ matomere）という内側に毛のはいったミトン型のそれをはめる。これはニヴフをはじめ極東の諸民族に共通する。同様のものには頭巾《ずきん》がある。北海道では綿入れの頭巾もあるが、多くは袷《あわせ》程度で、単衣《ひとえ》のものやアットゥㇱ製のものさえある。これでほんとうに暖かいのだろうかとつい考えたくなる。樺太にはきつねなどの皮を内側に貼った現代的な感じのするいかにも暖かそうな頭巾（というより防寒帽子、sumari-haxka）がある。衣服でも樺太アイヌは犬橇を扱う関係もあって、獣皮製の二部式のしっかりしたものを用いているが、北海道アイヌは一部式のアットゥㇱや木綿衣一枚でほとんどの場合重ね着をしない。この着物で山猟に出かけるが、上に獣皮衣をはおることはあるが下衣はつけないままである。松田伝十郎は樺太見分の折、狐の皮で仕立てた衣服を着て歩いて大変難渋したことを記している。狐の皮には氷雪がくっつくのである。樺太アイヌの犬皮の衣服の耐雪性を賞賛しているのである（『北夷談』）。

チセ

彼我のこうした違いは家 cise において顕著である。北海道アイヌのコタンに建てられている家は、草葺《くさぶ》き、笹葺《ささぶ》き、茅葺《かやぶ》きなど素材の地域的な違いはあるものの同一家屋にずっと住まう。ところが、樺太や千島では夏と冬とに使いわける季節家屋をもっている。夏の家は北海道とも共通するが、冬は竪穴《たてあな》住居に住む。この竪穴住居をトイチセ toy-cise（土の家）とよぶ。樺太のそれは間宮林蔵に詳しいが、おおむね三ないし四メートル四方を一メートル程掘り下げ、その穴に丸太の柱を組み合わせて上屋を作り、草で葺いた上を土でおおう。室内へははしごで出入する。内部にはカマドを設け、炊事のほか暖をとる。少しの火でも充分にあたたかいという。このトイチセには、雪解けの直前まで居住する。防寒という意識は、地域的な問題でもあるが、樺太・千島と北海道とは大きく異っているようだ。

青玉

アイヌの人びとの装身具として、ガラスの練りものを綴った首飾りはよく知られている。首飾りをタマサイ tama-say といい、大きな飾り板のついたものをシトキ sitoki といっている。これには大中小さまざまの大きさの玉と、青・黒・黄色の色玉でつづられる。これらの玉は古来、虫の巣玉とか山丹《さんたん》玉などの名称で、いうところの山丹交易によって日本列島にもたらされたと信じられてきた。この種のガラス玉は直径が一センチ前後を境として二種に大別して考える必要がある。つまり一センチ以上の直径をもつ大きな玉は江戸や大坂でつくられた日本製のものであるが、それ以下の大きさのものは大陸からもたらされた可能性をもつものである。アイヌの人びとに伝承されている玉のすべてが山丹交易によってもたらされたと考えるのは正しくない。一センチ以上の玉は極東の諸民族のそれにみることはできないからである。近年、これらの非破壊分析による鉛の同位体比の調査がおこなわれ、明らかに鉛同位体比の異なるものが複数あることがわかってきた。ガラスに含まれる鉛の産地の特定まで、それほど多くの時間を要しまい。すでに、朝鮮北部の鉛同位体と同様の成分をもつものまであらわれているのである。小さなガラス玉ではあるが、今後の研究の進展いかんでは、意外に大きな問題を提供してくれる資料ではある。

千島

その知られざる文化要素

千島アイヌ

千島へのまなざし

鳥居龍蔵《とりいりゅうぞう》氏はその大著『千島アイヌ』の序文で以下のように述べた。

一八八四年の日露両国間の協定によって、樺太はロシアに、千島列島は日本に帰することになった。その後、日本は、総人口わずか九七人のものが群島の各地点に分散している極北の新しい国民の憐れな状態に憐憫《れんびん》の情をもよおし、彼らを絶滅から救うことを願った。そのため、彼ら全員を、はるかに豊で気候も温暖なシコタン島へ移住させた。ここは蝦夷の根室地方とクナシリ島の間にあり、千島列島の最南端に位置する。しかし、憐れな彼らにとってそこが楽園となったであろうか。否、無益であった。

移住者たちはやがて、彼らの最初の居住地や猟場、また北方の厳しい気候に対する望郷の念にかられてしまった。……要するに彼らは……祖先伝来の土地に帰りたかったのである。しかしその許可がえられず、彼らは落胆し、苦しみ、人口はシコタン島移住の際の九七人から、現在はただの六十人にまで減ってしまった。

彼らの幸福のみを願う日本政府は、不幸な彼らに同情し、近年、彼らのうちの六人に対して試験的にポロモシリ島に戻ることを許可した。他のものは今なお、シコタン島にとどまっている。そこでこのたび東京帝国大学が心を動かされ、完全な絶滅以前に、憐れな原住民について入手しうる限りの民俗学上ならびに考古学上の資料収集のため私が派遣されることとなったのである。

鳥居氏はかれ自身東京帝国大学の職員であったため、ことさら政府の「極北の新しい国民の憐れな状態に憐憫の情をもよおし、彼らを絶滅から救うことを願った」ことを強調しているが、笹森儀助《ささもりぎすけ》氏はもっと直接的に、北千島アイヌのシコタン移住は軍事目的であったことを述べている（『千島探験』一八九三年）。

鳥居氏のこの報告は一八九九（明治三二）年のことである。その時点で北千島アイヌは六〇人に減ってしまったと述べている。シコタンは「憐れな彼らにとってそこが楽園となったであろうか。「否」であると強調しているように、まさに「絶滅」的状態を免れえなかった。そして鳥居氏の調査からおよそ一〇〇年をへた今日、北千島アイヌの文化伝承は地上から永遠に消え去ってしまったのである。

日本人はみずからの同朋の文化をその責任において滅ぼしてしまった。地上からひとつの文化を葬り去ったのである。タスマニアにおいてあるいは北米大陸において、ヨーロッパ人たちがおこなったのと同様なことをおこなってきているのである。アイヌ文化にかんして何事にもまして大きな責任を負っているのだということを、われわれはきちんと認識しておかなければなるまい。

千島列島

ところで千島アイヌとはどういう文化をもった人びとであったか。まずその居住地の千島列島についてみておこう。すでに日本の版図を離れて久しいこの地に関心をよせる必要はないのかもしれない。しかし、そうした国際政治上の思惑とは別に、アイヌの人びとにとってはまぎれもなくその文化を育《はぐく》んだ故地《こち》なのである。千島列島は北緯四三度二六分から五〇度五五分にいたる弧状列島で、根室海峡からカムチャツカ半島のロパトカ岬まで連なっている。およそ一〇〇〇㌖におよぶその距離は樺太の南北間のそれとほぼ同じである。三十余の島嶼《とうしょ》群からなり、古くは千島、クルミセ、チュ

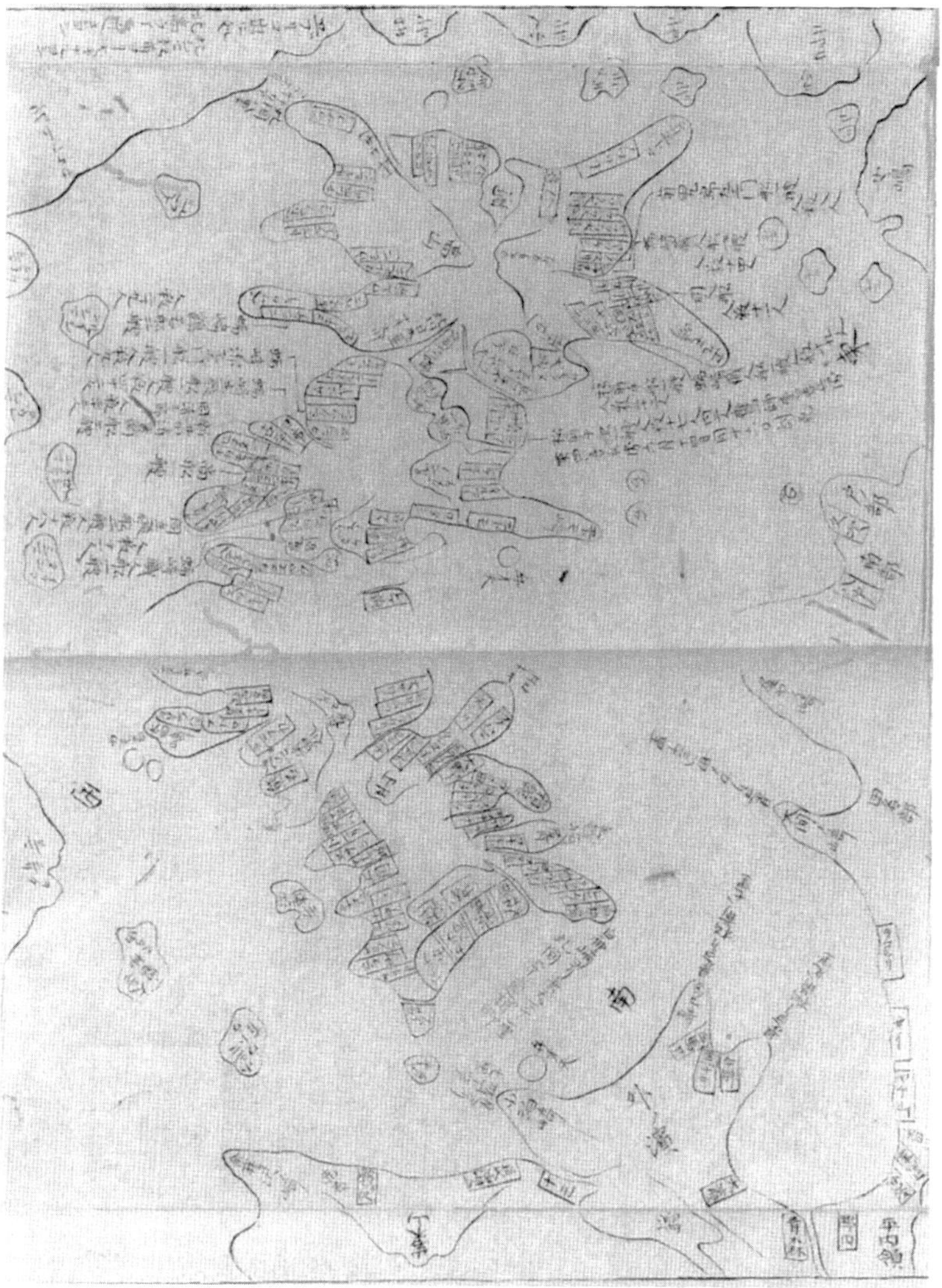

図44　ラッコ島の描かれた北方図（『津軽一統志』）

プカ、クリルなどと呼ばれた。『元禄国絵図《げんろくくにえず》』には、この地はラッコシマとして大島がひとつ、その周りに小島が十数島かかれている（図44は『津軽一統志』に描かれたラッコシマ）。現在はロシア共和国サハリン州に属し、クリル諸島という。

まず日本領当時の主な島名を南から拾ってみよう。

南千島　色丹《しこたん》島、水晶《すいしょう》島、勇留《ゆうる》島、志発《しぼつ》島、多楽《たらく》島、国後《くなしり》島、択捉《えとろふ》島

中部千島　得撫《うるっぷ》島、知里保以《ちりぽい》島、武魯頓《ぶろうとん》島（旧マカンルル）、新知《しむしり》島、計吐夷《けとい》島、牛知《うししる》島、羅処和《らしょわ》島、松輪《まつわ》島、雷公計《らいこけ》島、越渇磨《えかるま》島、知林古丹《ちりんこたん》島、加林古丹《かりんこたん》島、温禰古丹《おんねこたん》島、磨勘留《まかんるし》島

北千島　幌筵《ぽろもしり》島、志林規《しりんき》島、阿頼度《あらいと》島、占守《しゆむしゆ》島

このほか列岩が多くある。ロシア側からは第一島がシュムシュ島（クシュンコタンともいう）、第二島がポロモシリ島の順となる。いうまでもなく南千島が北方領土といわれている島々である。

近藤重蔵《じゆうぞう》は「千島」について、シモシリ（新知島）よりカムチャツカにいたる島々をそう呼ぶという。そしてアイヌの人びとはこの地を「チュプカ」といい、「日の出ずる処」の意味であるという。チュプカ cup-ka であろう。「日・の上」すなわち太陽の上がる方向、

厳密な意味での地理学的方位とは異なるが、まあ東の意味である。上原熊次郎は、シビチャリ（静内《しずない》町）からみて、エトロフより奥の島の住人を「チウプカンクル（日の方のもの）」と呼ぶといった（『蝦夷地名考并里程記』一八二四年）。チュプカウンクル cupka-un kur（チュプカにすむひと）である。

近藤重蔵の記録

近藤重蔵はチュプカの住人の住む島を含めて島名をあげている。

ウルップ　松前のひとはこの島をラッコ島というが、アイヌの人びとがいうラッコ島は別の島でこの島の東洋にある。本邦と魯西亜の分界。土着の夷人なし。エトロフ・クナシリ・ネモロ・アツケシの蝦夷のラッコ猟場、ロシア人もラッコ猟にくる。

ヤンゲチリポイ　エトピルカという鳥が多くいる。エトピルカ〈エトは嘴、ピルカは美 etu-pirka〉は嘴が赤く美しい鳥である。アイヌの人びとがエトピリカ鳥の猟に来る。この島に渡れば、この鳥だけを食料としてその骨を拾って薪にする。この島のカムイワッカというところでは酒のような水が湧き出るという。

レブンチリポイ　ラッコがいる。

マカンル、　エトピリカ鳥が多くいる。エトロフアイヌのラッコ猟場。

ラッコ島　エトロフ島ウルップ島の「東洋ニ当」り、晴天にははるかに見えるのだと。もとクルムセの夷人の島であるが、「近来魯西亜ニ併呑」された。この島の夷人は「皆鼻エ穴ヲ穿チ環ヲ通ス、言語モ通ジガタシ」という。この島にいるクルムセ人のキモヘイがウルップ島で本国の舟をつくった。「其制、舟ヲトドノ皮ニテ張り袋ノ如クニ拵へ、中ニハ木ヲ骨ニ入レ、夷人一人乗テ袋ノ口ヲシメ切リ水ノ入ザルヤウニシ櫂ニテ左右へカキ走リ陸へ上レバ骨ヲ去リ皮ハ畳ヲク」もので、アイヌの人びとはこの舟をトンドチップと呼びロシア人はマイタレと呼んだ。ロシア人も多く住む。

シモシリ　本邦の属夷であったが、三十年にロシアに服従し、二十年前よりロシアの風俗にかわった。鉄砲をもっている。蝦夷のアイヌはこれより北をチュプカといい、そのひとびとをチュプカアイヌといっている。むかしは北海道アイヌが交易にきたともいう。シモシリあたりのアイヌは古くはウルップで北海道アイヌと交易をしたが、近年はエトロフまでも往くという。この島にも昔はアイヌの人びとが多くいたが今は少なくなってラショワやウセシリのアイヌがこの島で越年をするという。かれらの衣服は鳥の羽や犬の皮、キナという草を編んだものなのである。

ケトイ　ラッコがいる。

ウセシリ　アイヌの人びとが住んでいる。かれらは雁の羽に海豹の皮で縁取った筒袖の縫ぐるみの衣服を着ている。着る時は頭からかぶる。股引をはき、膝までの靴をも履いている。

ラショワ　アイヌの人びとが住んでいる。魚類無く、鳥と草根を食としている。アイヌの人びとは穴居している。木は樺、ハンノキなどが多い。エトピリカパロ、コロコロという鳥が多く、ラッコもまたいる。アイヌの人びとの穴居（竪穴住居）は穴を掘ってその上に木を梁に渡して草で履って土をかける。家の中にははしごをかけて出入りする。

ラショワ生まれのイチャンケムシ（改名して市助）が着ている着物はエトピリカを丸剝きにして羽を内側にいくつも綴りあわせた筒袖にしたものである。襟と袖口と裾にはあざらしの皮を細くつける。

また文様としてエトピリカの嘴と犬の皮をつける。ロシア人から得た木綿の股引をつけ、あざらし皮製の靴をはく。髪は左右にわけたものを三つ編みにして垂らし、狐の皮を裏ばりした帽子をかぶる。

かれの妻のイナンシャウシマツはシャシコタンのひと。風俗は夫とかわらないが唇のまわりと手に入れ墨をしている。

みんな胸元に十字架を提げている。これらの風俗に変わったのは二〇年くらい前のことである。昔北海道アイヌがこの地でロシア人と戦ったことがある。

モトワ　ラショワから一日で往復できる小島である。尖り山がある。

ラックワキ　小島なり、

エハイト　コタヌンモシリともいう。アイヌの人びとが住んでいる。

シャシコタン　アイヌの人びとが住んでいる。島中に湖がある。

ハルヲマコタン　小島なり。

ヌシャシコタン　ヲンネコタンともいう。アイヌの人びとはチホヤニ、イルシクブシの二村に住んでいる。

ポロモシリ　アイヌの人びとはブツポ、アルモイの二村に住んでいる。山が多く、とくに東の方に名山がある。

クシュンコタン　北の海辺に湖があり、ここにアイヌの人びとが住んでいる。ペシモヨロポという港に毎年ロシア船がきて越年するという。

カムサスカ　この地はもともと蝦夷、クルムセの部落で我が国の属彊であったが、正徳五（一七一五）年ロシア人によって併呑された。

近藤重蔵の記録（『郛《ち》弗《ゆ》加《ぷ》考《か》』）は以上のとおりである。このなかで「夷人」が居住している島は中部千島のシモシリ（新知）、ウセシリ（牛知）、ラショワ（羅処和）、ヱハイト、シャシコタン（捨子古丹）、北千島のヲンネコタン（温禰古丹）、ポロモシリ（幌筵）、クシュンコタン（占守）の各島となっている。いうまでもなく千島アイヌの人びとの居住地である。ラッコ島は一般にはウルップ島の別称とされるが（『蝦《え》夷《ぞ》島《しま》奇《き》観《かん》』）、ここでは別の島とされている。そしてクルムセの住む島がラッコ島である。

クリル

クリルは千島列島のロシア語名称として知られているが、その語源はロシア語のクリーチ（煙を吐く）からきているという。ロシア人がこの列島の活火山を見ての命名であり、クリーチがクリルに転訛《てんか》したと説明する。千島が火山列島であることからなかなか説得力のある語源説とはいえる。しかし、この語自体は民族呼称のクリルに由来するものである。クリルはいうまでもなく千島アイヌを指す。では、クリルとはいかなる意味か。これについては言語学者の村山七郎氏が非常に興味深い解釈をなされている（『北千島アイヌ語』一九七一年）。氏はイテリメンが千島アイヌをさしていうクジkuziがコサックのロシア語に取り入れられる過程でクリ kuri に変化した。そしてカムチャダールなどとの類推でクリル kuri-l となったといわれる。クジはまたニヴフなどがいうクギ、クイと共通し、中国でいう苦夷と同じである。

となると、クジは？……と疑問はつづいていく。村山氏はクジこそアイヌ語のクル（kur＝ひと）から出たという。千島アイヌがイテリメンから「お前たちは？」と問われたとき、自分たちの仲間を指して「俺たちの人々」と答えた。そしてそのとき、kur の人称形の kurí または kuríhi を用いたであろうというのである。この rihi がイテリメンには ʒí ととらえられた。またニヴフは同音を γi ととらえた。名詞に人称（所属）形と原（概念）形があるのを知るのはアイヌ語の初歩である。ただ、kur は人称（所属）形であっても独立して用いられることはないはずである。おそらくそうした会話がなされた事実はなかったろうが、なかなか魅力ある考え方といえる。

クルムセ

ところでクルムセである。クルミセともいわれるこの語は『元禄郷帳《げんろくごうちょう》』などにもみえる地名で「くるみせ島之方」「くるみせ」として地図にも記されることは述べた。この語に対して上原熊次郎は「蝦夷地上古《じょうこ》の人」との訳語をあて、チセコチカムイ、コルポックルカムイと同列に扱っている。おそらくはクルムセを伝説上の存在として熊次郎が聞いていたためであろう。チセコチカムイはチセコッカムイ cise-kot kamuy（家・跡・の神）だろうし、コルポックルカムイもコロポックルカムイ korpok-kur kamuy（蕗《ふき》の下のお方・である神）のようだ。こちらは案外親しい名であろう。「上古の人」であるからいずれもアイヌの人びとよりも先に住んでいたと熊次郎自身考えていた存在である。クルムセも伝え聞くのみの異文化びとであった。

近藤重蔵は、クルムセというのは「昔シ蝦夷国ニ居候コツチヤカモイと申者の末にて、当時ハ赤人ニ従ひ居申候、ポンル、カと申国」であると述べる。このポンルルカは昔、義《よし》経《つね》（アイヌの聖伝にいうオキキリムイ）と弁慶《べんけい》（同じくシャマイクル）とがカニケショラップ（金色の羽の鷲《わし》、kani kesorap ＝金色の霊鳥）を追ってたどり着いたところでもあるという。ポンルルカはカムチャツカの海口をいう旧名であって、今はロシア風にヘトルカヒルスコイ（この地名未詳であるが、近藤重蔵は「本ポンル、カ」と註記している。彼の地図によるとここは赤人の砦がある湾で地理的にはペトロパヴロフスクのあるアヴァチンスカヤ湾に相当しそうである。西鶴定嘉氏による（『樺太アイヌ』）とポンルルカは小さい内海の意味で現在のペトロパヴロフスクのことである。重蔵のいうヘトルカヒルスコイも何となく音が似かよっているようだ）と呼んでいるのだという。

ポンルルカはアイヌ語である。かかる解釈が可能かどうかは知らないが pon-ruru-ka（小・ルルカ）のことをいい、ルルカとは ruru-ka（潮路・の上手）でチュㇷ゚カ cup-ka、チュッポㇰ cup-pok、コイカ koy-ka、コイポㇰ koy-pok と同じ方角を指し示すことばでそれ自身千島を意味するものではなかったか。

重蔵のいうコッチヤカモイ（別にチセコッチヤカモイあるいはトイチセコッチヤカモイとも記す）は熊次郎のチセコチカムイと同じものである。トイチセならば toy-cise（土・の家）で地面を掘り下げた竪穴形式の冬季の家をさす。すなわち穴居であることは先に述べた。千島アイヌ、樺太アイヌには一九世紀末まで伝承されていた。

さてもう一度、ラッコ島に戻ってみる。重蔵がイチャンケムシから見聞した一八〇一（享和元）年という時期、この島はクルムセの夷人の島でその住人は「皆鼻ェ穴ヲ穿チ環ヲ通ス、言語モ通ジガタシ」という存在である。そしてこの島に居住するクルムセ人のキモヘイがウルップ島で作った船というのは「其制、舟ヲトドノ皮ニテ張リ袋ノ如クニ拵ヘ、中ニハ木ヲ骨ニ入レ、夷人一人乗テ袋ノ口ヲシメ切リ水ノ入ザルヤウニシ櫂ニテ左右ヘカキ走リ陸ヘ上レバ骨ヲ去リ皮ハ畳ヲク」というものである。この記述で読むかぎりいわゆ

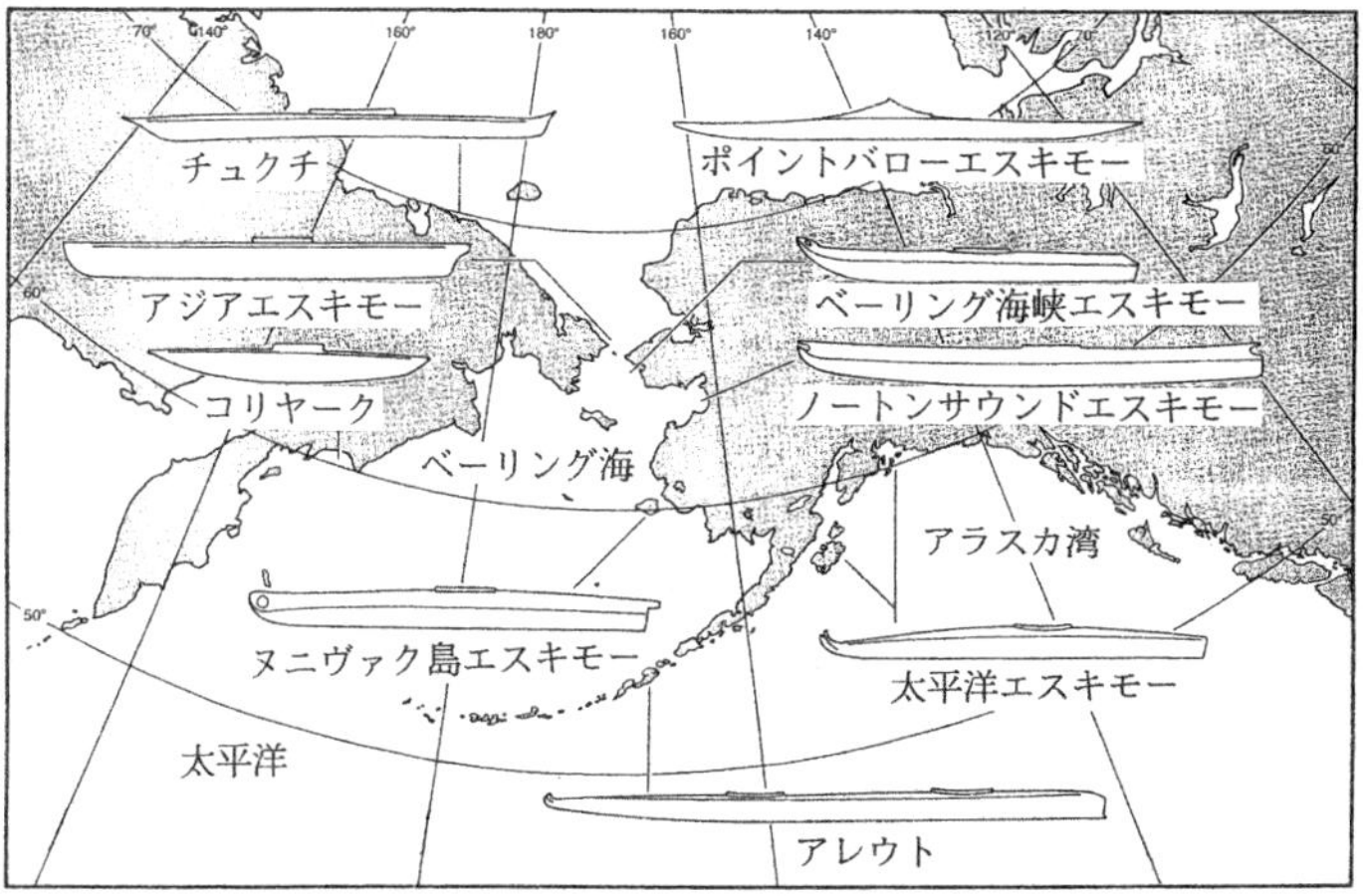

図45　バイタルカの諸形式（『大陸の十字路』展によるものを改変）

図46　アレウトの男（『アリュート民族』による）

るバイタルカ（カヤック kayak のこと。ロシア名はマイタレというとあるから音が合致する）などという形式の舟である。アイヌの人びとはこの舟をトンドチップと呼んだ。その類推で「トドノ皮ニテ」つくったとしているが、ここでは tonto-cip（なめし皮・の舟）の意味であろう。

ここの人びとの特徴は、鼻に輪を通しており、ことばが通じないことであるという。

アレウト　鼻飾りはアレウト、コディヤック・エスキモーの人びとにみられる身体装飾のひとつである（図46）。かれらはほかに唇の両端と下唇にラブレットを嵌《は》める。こうした装飾品は骨ないし海獣の牙《きば》などを素材とする棒状のものである。金属の輪を小鼻の片方にピアッシングするのはニヴフであり、間宮林蔵が報告している。この鼻飾りについてはそれと混同した可能性もあるが、アレウトがロシアから金属を得ていたことも否定できない。

アレウト（アリュートとも）はエスキモー＝アレウト語族の少数民族で、現在アラスカの南西部にあるアラスカ半島、アリューシャン列島、プリビロフ諸島およびロシアのコマンドルスキー諸島に居住する。米ロ両国におよそ二四〇〇人ほどの人口を数える。海獣狩猟、漁撈などを生業としている。歴史的には一七九九年に設立された露米会社に翻弄された感があり、ラッコ猟の担い手として、一九世紀初頭にコマンドルスキー諸島やプリビロフ諸島に強制移住させられ、そして千島のシモシリ島、ウルップ島へもやってきたのである。このときはコディヤックも一緒であった。

イチャンケムシはラッコ島の住人であった。この場合ラッコ島は実際に存在する島であり、クルムセもまた現実に存在する人びとである。近藤重蔵がいうクルムセは、この場合、アレウトをさしている可能性が高い（コディヤックが含まれる可能性もある）。ことばが通じないというのはアイヌ語とであろう。

一方でクルムセとは、千島アイヌがカムチャダール（イテリメン）を呼ぶ呼称のひとつであると、鳥居氏は述べている（『千島アイヌ』）。つまりクルムセには①アイヌ伝承のコッチャカムイの末たる人びと（含蝦夷上古の人）②アレウト③カムチャダール（イテリメン）の三種類があることになる。

ラッコ　アイヌ文化のなかで親しい海獣というとあざらしであり、とどであり、おっとせいであった。いずれも高度な狩猟技術が要求された。あざらしやとどはアイヌ自身、主に毛皮を利用する動物であり、おっとせいはシャモによって生薬としての利用がなされた。おっとせいは徳川吉宗の時期に蝦夷地からの献上品とされている、いわば貴重な海獣であった。

しかしいったいアイヌ文化とラッコとはどうかかわってくるのであろうか。なるほどラッコというアイヌ語地名が十勝にはある。これはそこにラッコが流れ着いたからだという地名伝承によるものだからアイヌ文化と直接どうこういうたぐいのものではない。

有名な英雄叙事詩ユーカラ yukar の大曲『虎杖丸の曲 kutune-shirka』の冒頭はイシカリの川口に黄金のラッコ kane rakko が出現し、それの争奪をめぐってポイヤウンペ Poyyaunpe（若き内地びと）の壮大ないくさ物語に展開する構想の発端が語られる。とはいうもののこのカネラッコは伝承のなかだけの存在である。ラッコはアイヌ文化においては狩猟と交易の対象物にすぎない。だがラッコの毛皮を用いた衣服が存在した記録はあるが、伝世品はないし、それ以外にどう使ったかという伝承もないようだ。

しかし、この物語が成立した時期には「黄金のラッコ」で象徴される、ひとつの経済的ないし社会的な価値をもつ存在があった。文学的に現在これがどのように解釈されつつあるのかは知らないが、ラッコの交易面での重要さを語った資料と読んではいけないだろうか。

一方において交易の相手かたであるシャモの世界ではラッコはどう使われていたのであ

ろうか。この毛皮は高価なもので、献上品や贈答品などとして用いられたりしたのは諸書の説くところである。菊地勇夫氏は『東遊記』などをひいて馬具の材料もしくは長崎からの輸出品にもまわされたと述べていられる（『エトロフ島』一九九九年）。なるほどその需要としては武具に用いるのがもっともよさそうである。だが、現実にラッコの皮を使用した武具類にはなかなか出会わない。皮は古くなるともとの動物を比定するのが困難になるというからどれがラッコを使ったものか見分けるのはむつかしいという事情もある。武具という観点からはやはり鞍敷やあおりなどの馬具や行縢《むかばき》などの武具に用いられる機会は多そうであるが、伝世品となるとこれまたほとんど目にすることはない。

シャモとラッコとのかかわりはというと、文献的には児島恭子氏が指摘されるように『後鑑』に記載された例から一五世紀には京で知られていたという（「えぞが住む地の東漸」『メナシの世界』一九九六年、北海道出版企画センター）。また宣教師の記録や文明本『節用集』にも取り上げられているし、江戸時代には「やはらかにあちらこちらに打なびき　らっこの皮の毛品もぞよき」（『鷹筑波』）などとラッコの皮の性格を読んだ和歌さえもある。ことの真偽は不明だけれども松前広長は疝痛（腹の痛み）があるものはラッコの皮を腰に巻けばその腹痛が治るとか痘瘡のときはこの皮を褥とすれば病が軽くてすむなどを伝えている（『松前志』）。だから、ともかく庶民レヴェルにおいてさえ結構その存在は知られていたのである。

物質文化の諸相

衣文化

千島アイヌの衣服について近藤重蔵《じゅうぞう》は、シモシリ、ウセシリ、ラショワのアイヌについて紹介している。ロシア風の風俗は別にすると、ラショワやウセシリのアイヌの衣服は鳥の羽（ラプㇽ rap-ur）、犬の皮（セタウㇽ seta-ur）、そしてキナという草を編んだもの（草衣　ケラ kera）などである。

ラプㇽについて、ウセシリ・アイヌは雁《がん》の羽に海豹《あざらし》の皮で縁取った筒袖《つつそで》の縫ぐるみの衣服を着ているという。雁というよりは鴨《かも》の種類の海鳥で、その皮を羽毛を外側にして綴ったものと思われる。筒袖仕立てで、縫いぐるみとあるから、前あきのないパーカーのように頭からかぶるように着る形式のもので、おそらく袖口《そでぐち》と裾《すそ》とをアザラシの皮で飾ったものであろう。股引《ももひき》をはいているから二部式の衣服で、膝までの長靴（アザラシ皮製か）を履《は》いている。これに対してラショワ生まれのイチャンケムシ（市助）の着物は、エトピリカという鳥を丸剝きにして羽毛を内側にいくつも綴りあわせて筒袖にしたものである。襟と袖口と裾にはあざらしの皮を細くつける。また文様としてエトピリカの嘴《くちばし》と犬の皮をつけるとある。千島アイヌのものだけではないが、エトピリカの嘴や足を衣服の表面につけたもの（というよりは背割れにした皮を丸のまま用いたもの）は現在でも博物館でみることができる。ロシア人から得た木綿の股引をつけ、あざらし皮製の靴をはく。

草衣については『蝦夷島奇観』のエトロフ・アイヌの記事のなかで見ることができる。すなわち秦檍麿《はたのあわきまろ》は「草（キナ）を編て服とし鳥獣の皮を裘《かわごろも》（ウリ）となして寒を凌《しの》く」と記している。中・北千島ではオヒョウが育たないので、アットゥシは、かれらみずからはつくらない。

服制についていえば、ロシア式のそれを除けば羽毛衣、獣皮衣が主として用いられていた。これらのうち羽毛衣はアレウトやイテリメンさらには北米のネイティヴアメリカンなどの衣文化と、また獣皮衣はシベリアの衣文化と大きくかかわる可能性がある。

千島アイヌの独特な文化要素として髪容がある。ラショワの例ではあるが、髪は左右に

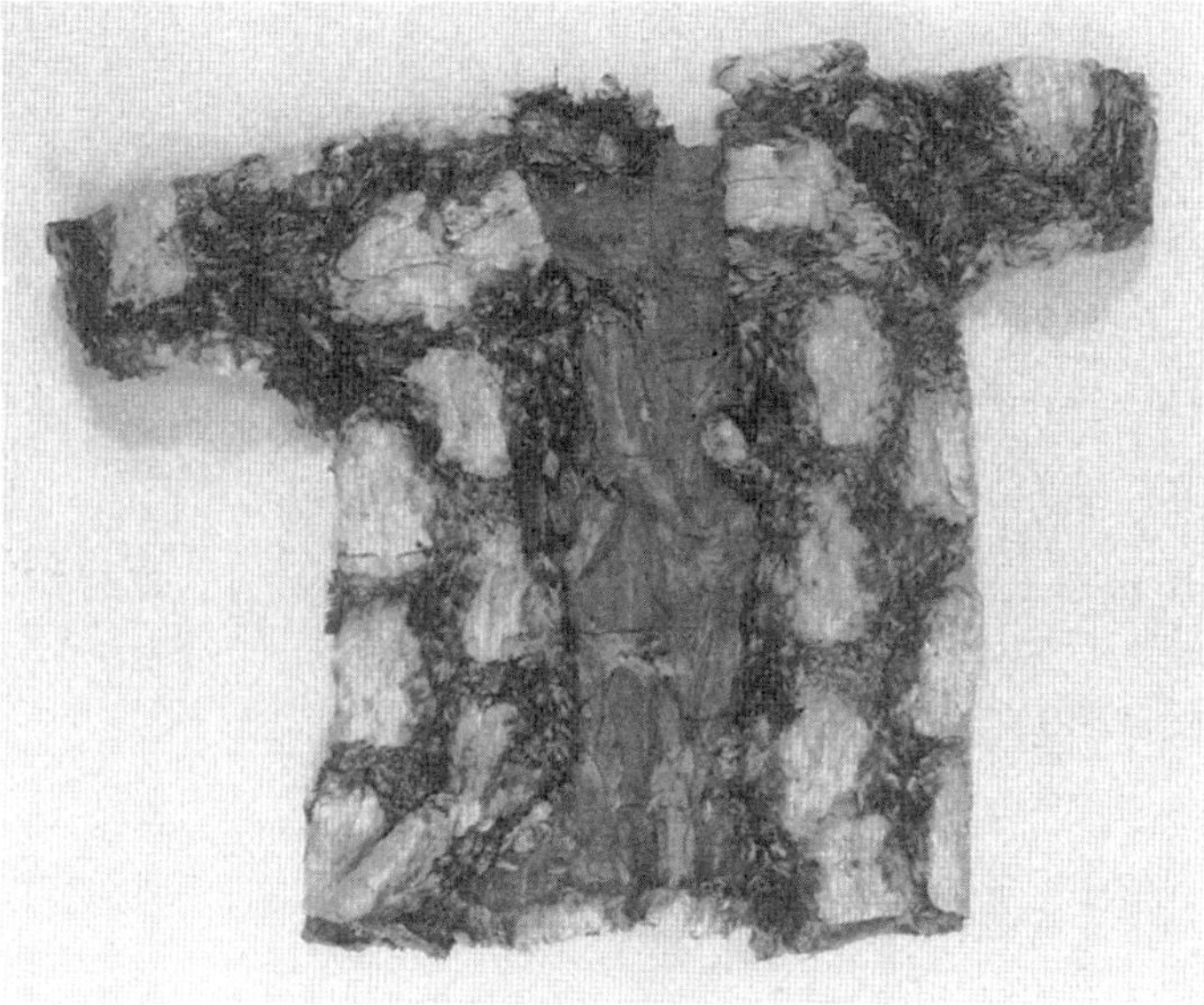

図47　ラプル（東京国立博物館保管）
鴨の皮を綴って前あきに仕立ててある。

わけたものを三つ編みにして垂らしている。辮髪《べんぱつ》のようなスタイルであり、ニヴフのそれに類似する。また狐の皮を裏ばりした帽子をかぶるというが、これは樺太アイヌやニヴフなどが用いる防寒帽（樺太アイヌ語のスマリハハカ sumari-haxka ＝狐皮の・帽子）と同様のものである。イチャンケムシの妻のイナンシャウシマツはシャシコタンの人。風俗は夫とかわらないが、北海道アイヌのように唇のまわりと手に入れ墨をしているという。

物質文化のなかでは千島アイヌに特徴的なものがある。そのいくつかをみてみることにしよう。

矢

ドイツ・ライプツィッヒ市の民族博物館に珍しい一本の矢がある（図48）。石鏃《せきぞく》に木製の篦《の》（矢柄《やがら》）で、篦はきれいに成形し上部には鋸歯状の切り込みがある。矢筈《やはず》がないから普通の弓矢とは異なった使い方がなされるはずであるが、その使用法にかんするデータは伝わらない。石鏃はピッチと籐《とう》で篦に固定してある。いったいこんな矢を何に使ったのであろうか。否、矢として用いたのであろうか、あるいは手銛《てもり》のようなものなのかも知れぬ。博物館の台帳では「一八七〇年クレムのコレクション」とある。台帳の記述が正しければ現在に伝わる千島アイヌの物質文化ではもっとも古いもののひとつである。かつて鳥居氏が千島アイヌは石器時代の状態にあると述べたその根拠のひ

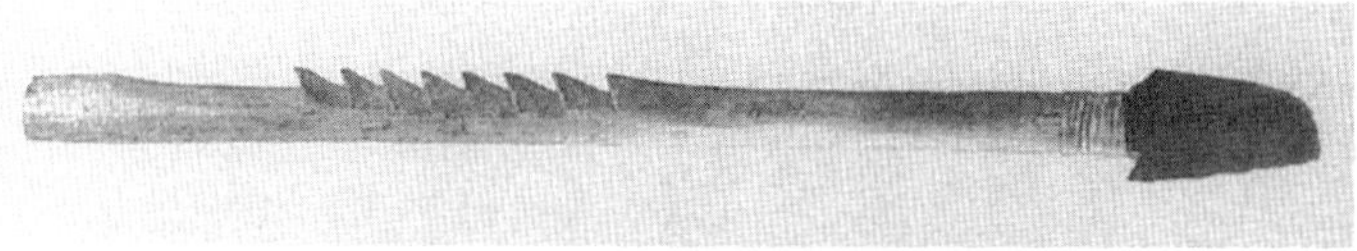

図48　石鏃（『アイヌの工芸』展図録より）

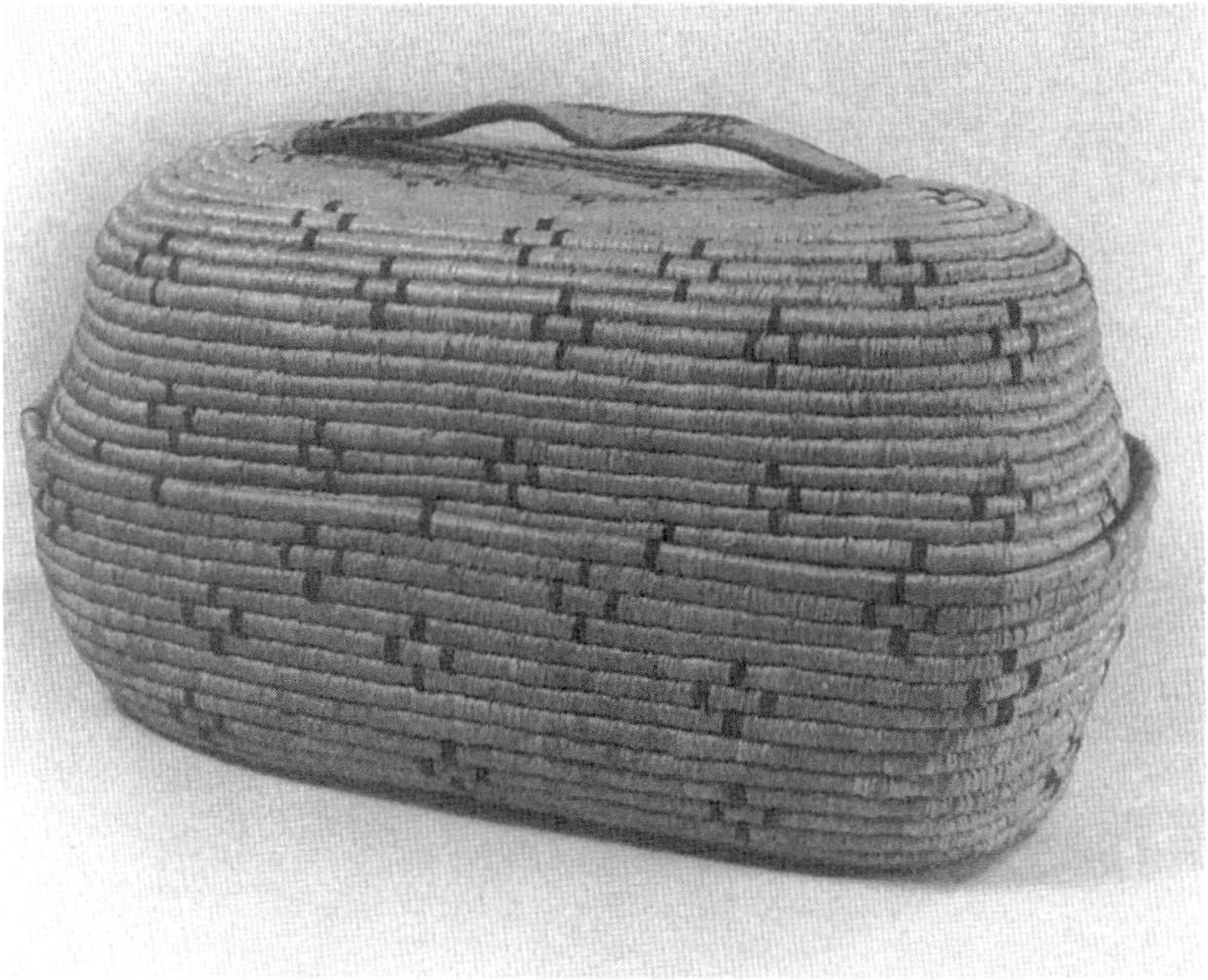

図49　テンキ（『アイヌの工芸』展図録より）

とつともされようが（鳥居氏のいうアンジアイ＝黒耀石の矢がこれだろうか）、千島アイヌにとっていかに鉄を手に入れるのが大変であったかを如実《にょじつ》にしめしている例であろう。

千島アイヌを代表する物質文化をひとつあげよ、という質問が発せられたなら、わたくしは躊躇せず「テンキ！」と答える。これは巻き上げ技法

テ　ン　キ

（コイリング技法）によるバスケットのことである。テンキ草（ハマニンニク）を巻き上げながら色糸を用い、あるいは目を減らしながら施文《せもん》していく。多くは蓋《ふた》ものであり、かたちも、デザインも洗練された美しいものである（図49）。

この技法によるバスケットの製作は、アメリカ北西海岸のネイティヴアメリカンの人びとがもっとも得意とするところで、優れた作品に出合う頻度も少なくない。そしてこの技法は北上してアラスカにいたり、ベーリング海峡を越えてチュクチ、コリヤークも持っている。またアレウトの人びとにもこの技法がある。これらの人びとがつくったバスケットを並べてみると、その共通性というべきか、きわめてよく似た印象が得られる。おそらく東から西にいたる〝バスケットの道〟の可能性を考えていい。モーリー・リー氏たちも紹介しているように（『アイヌ』一九九九年、スミソニアン研究機構）地域的に限定されたこの技法によるバスケットは、千島アイヌを西限として北海道や樺太、極東には伝承されない。

つまり千島アイヌは北米の文化要素を有しているのである。

仮　面

北米の文化要素といえば、千島アイヌは木製仮面を有している。かつて鳥居龍蔵氏が色丹島で採集したものが大阪の国立民族学博物館に保管されている。木製仮面はアラスカの諸民族がもち、カムチャツカの海岸にすむコリヤークが伝承し、アレウトがもっている。おそらく千島アイヌの木製仮面はこの延長で考えられるべきであろう。北海道アイヌには仮面は伝承されないが、イオマンテのなかで人間がクマに扮《ふん》した所作《しょさ》をおこなう。知里真志保《ちりましほ》氏はこれを仮装劇の名残とみる。北海道アイヌは仮装はするが仮面はもっていない。

千島アイヌの仮面はどうもちいられたか、その使用法は、現在には伝えられていない。

精神世界を訪ねて――エピローグ

ゴミにこころぁらば

もう忘れられているかもしれないが、近年、世上をにぎわしたものに、ゴミ処理にともなうダイオキシン騒動があった。かつてのスモッグや光化学スモッグなどと同じ公害のひとつで、それらが記憶の彼方《かなた》に追いやられたのと同様に、当事者の苦悶をのぞけば、そういえばそんな騒ぎがあったなという程度の記憶しか残らない、二〇世紀ではさして珍しくもなかった事件であったのかもしれない。

しかし、ゴミという現代社会の鵺《ぬえ》のような存在は、やがて想像以上に大きな怪物となってわたくしたちの生活を左右するようになることは必至である。焼却もままならず、埋め立てもできないという日本列島の情況からかんがみるに、やがてそれを日本列島以外の地に輸出をするようになるのだろうが、日本のもてあましものをおいそれと受け入れてくれる国などあろうはずがない。いずれ海洋への不法投棄など、世の非難をあびそうな行為につながる可能性があるのは歴史が雄弁に語ってくれている。

いうまでもなく、ゴミは日常生活のなかで再生産される。現代ではゴミを出さない生活など考えられないくらい、身近な存在でもある。ではなぜ、ゴミが出るのだろう。というよりも、ゴミは現代人にとってどのような性格の存在なのか。不要のものであり、役にたたないものであり、汚い不潔なものであり、きわめてうっとうしいものなのだろう。だが、いうまでもなくそれは、わたくしたちが生み出したものなのだ。役にたたなくしたのはわたくしたち人間なのである。ゴミにこころあらば、どうしてわれわれをかくも粗末に扱うやと嘆き悲しむことであろう。

昨今のゴミ騒動をみて、わたくしはある種の感慨にふけることがある。現代人は無駄なものを多くつくりすぎたと。それがつくられた当初は確かに有用なものではあった。しかし、すぐに不要となり棄て去ってしまう。思えば際限もなくわたくしたちはこのおろかな行為をくり返してきた。それが文明であるとみずからを納得させながら。かつてわたくしたちの先人はこんな愚かしいことはしなかった。擦り切れた衣服につぎを当て、新聞紙は落とし紙になったりラッピングペーパーであったりした。物を粗末にするなとはくり返しいわれた教えであったし、そしてそれがごくあたりまえのことでもあった。
いつのころから人間はこんなに傲慢《ごうまん》になっていったのだろう。

悪霊の出現と飢饉

ところで、ゴミ問題とこの本の主題とがいかにかかわるのか。アイヌ文化に思いをいたすと、アイヌの人びとは、みずからの役にたつものはきわめて大事にした。かれらの思想は、天地のありとあるものすべてに霊魂が宿っているという意識を基本としている。ともすれば自分の手でつくったものですら霊性を持っていると考えている。

だから用がすんでやむなく棄てるばあいは、役にたってくれたお礼をていねいに述べて、丁重な儀礼をもってかれらの霊魂が帰るべき世界へ送り返すのである。そして霊の去った骸《むくろ》はしかるべきところに置かれる。これを「送り」というのだが、それについてはのちにふれよう。それをしないで棄ててしまったり、放置したままでいると、やがて、その霊魂が悪霊となってアイヌの世界でさまざまな悪さをするという。それが伝染病であったり、飢饉であったりと、いろいろな悪いかたちで人間世界に影響してくる。ときとして一村そのものが滅び去ることすらあった。アイヌの人びとはそれを恐れた。だから常にていねいに、敬虔《けいけん》にものに接した。

たとえばこういう話がある。——毎日、刺繡に余念がない水の女神のもとに、ある日、オキクルミから飢饉の窮状を訴えて、最後の食物でつくったサケとイナウ（神に捧げる木幣）とが届けられた。そこで、水の女神は川口の瀬の神、村主の神、鹿主の神、魚主の神を酒宴に招待し人間の窮乏を救ってくれるように頼む。鹿主の神（ユㇰコㇿカムイ yuk-kor kamuy）がいうには、人間どもは鹿を粗末に扱い、イナウも与えず投げ捨てるのが腹に据えかねるので、鹿はみんな倉のなかにいれて出さないようにしているのだと。魚主の神（チェㇷ゚コㇿカムイ cep-kor kamuy）は人間どもは魚を朽木で叩き殺し、あまつさえこんな魚、誰が食うもんかなどと悪口をいってぶん投げるのが腹立たしいので、魚を倉に入れて出さないようにしているのだという。水の女神（ペトルシマッ pet-or-us mat）は川口の瀬の神（チワシコㇿカムイ ciwasi-kor kamuy）と相談して神々の心を宥《なだ》めようと努める。水の女神は踊りながらその魂は抜け出して鹿主の神の家に行き、倉の戸を開けて鹿を山野に放って魂はまたそのからだに戻る。川口の瀬の神の魂もまた抜けて魚主の神の家に行って魚を川に放って戻ってくる。こうして人間界にはまた魚や鹿がたくさん棲むこととなり、人間は飢饉から救われた。水の女神はこの仔細をオキクルミに夢に見させて、これからは鹿や魚を大切に扱うようにと教えてやった（久保寺逸彦氏による）。——人間が食べ物を粗末にした結果飢饉を招くという、アイヌの人びとの口承文学のなかにいくつもある話である。

環境破壊

また、現今いわれている環境破壊などという行為にも注意をうながしている話がある。——北海道の東。ある湖のほとりにあるコタンでのことである。その年は天候も順調なのに、ペカンペ（菱《ひし》の実 pekanpe）は実りが悪いし、鮭《さけ》や鱒《ます》も川を遡ってくるのだが、湖の入り口までくると、引き返してしまう。アイヌの人びとは心配した。これではこの冬にはみんなが飢え死にしてしまうと。もっとも心配していたのは、コタンのおさであった。ある夕方、やはり湖に入らない魚の群れをぼんやりと見ていると、水音にまじって人の声が聞こえる。姿は見えないので不思議に思って聞き耳をたてて聞いていると、「こんな臭いところに魚はあげられない。いったいこのごろ人間どもは汚れたものを湖水で洗ったり、便所を川岸に作ったり、不都合が多いから魚はあげられない」とチェパッテカムイ（魚を司る神）とチワシコロカムイ（川を司る神）とが話していた。大いに驚いてカムイノミ（神への祈り）をして、便所を移し、水を汚さぬようにしたので、神の怒りは解けてもとのようにペカンペは実り、魚は湖にもどってきた（佐藤直太郎氏による)。――

どうだろう。わたくしたちは日常生活において、棄てたものや汚したものに対してこのような敬虔な態度をとったことがあるだろうか。

人間が造り出したものに霊性などあろうかというなかれ。かれらはみごとに悪霊となって現実に人間を脅かしているではないか。ダイオキシンがそれであり、そしてゴミであり、みんなみごとに人間世界に災厄をもたらしている。現代人の知性とやらはこの悪霊を退治することができるのだろうか。それればかりではない。大事な食物においてすら、接するに敬虔さを失っている。飽食や美食がいつまでも許されるはずがない。食い切れぬ食物を残しつづけ、棄てつづける生活が許されるはずはない。いずれ大きなしっぺ返しがくるとは、心ある者だれしもがいだく不安であろう。かれら食物も悪霊となって、いずれわたくしたちに大きな災厄をもたらすに違いない。

むかし、蝦夷と呼ばれていたアイヌの人びとはシャモから「文化なき民」と蔑《さげす》まれていたことがあった。しかし、その人びとの思想は今日のわたくしたちに多くの大事なことを教えている。省りみてわたくしたちは人に誇るべき思想をもっているだろうか。思うに現在のわたくしたちこそ「文化なき民」と呼ばれるにふさわしいのではなかろうか。

さきに「送り」という思想の一斑についてふれた。これは、アイヌの人びとの信仰の根底をなす思想であるが、かれらの文化生活にもすべてこの思想が大きくかかわっている。「送り」というのは、簡単にいえば神の世界（カムイモシㇼ kamuy-mosir）から人間の世界（アイヌモシㇼ aynu-mosir）へ遊びに来られた神を、神の世界にお帰し申し上げる儀礼をいう。

「送り」ということ

神の世界では、神たちは人間と同じ姿かたちで同じような生活を送っている。それが人間の世界に遊びに来られるときに、クマの神ならば黒いクマの扮装《ふんそう》（ハヨㇰペ hayokpe）をし、タヌキの神ならばタヌキの扮装をなさる。そういう服装は神の世界の、かれらがいつも坐る場所の衣桁《いこう》にかけてある。人間の世界へ遊びに行きたくなったときなど、後ろに手を伸ばせばすぐ着ることができる。知里幸恵《ちりゆきえ》氏はそのことを明確に説明している。

鳥でもけものでも山にいる時は、人間の目には見えないが、各々に人間のような家があつて、みんな人間と同じ姿で暮していて、人間の村へ出て来る時は冑（ハヨㇰペ）を着けて出て来るのだと云います。そして鳥やけものの屍体は冑で本体は目にはみえないけれども、屍体の耳と耳の間にいるのだと云います（『アイヌ神謡集』一九二三年、郷土研究社）。

人間の世界へ遊びに来られた神（カムイ kamuy）たちが身につけてきた冑や扮装は、神自らの手でそれを脱ぐことができない。人間が手をお貸し申し上げることで神々はその扮装を解くことができ、そして神の世界に帰ることができる霊の姿となる。知里氏がいうように霊は耳と耳のあいだにましますから、そこで人間の所作《しょさ》をじっとみておられる。あるいは家の梁《はり》に坐って火の神と語らったりもする。

扮装を解く所作が、毛皮を剝ぎ、解体することである。そのときの肉や毛皮、クマならば胆嚢《たんのう》など人間に有用なものはすべて神から人間に下されたおみやげなのである。人間もまた、神の世界へお戻りなさる霊を手ぶらでお帰しなどしない。人間世界のおみやげをどっさりお持たせする。そして、常にお祀《まつ》りを欠かさない。すると、また神は人間世界へ遊びに来られる。こうした再度、三度、数度の来臨を願う。人は豊かになり、神もまた人間に祀られることでますますその神格を高めることができる。

神と人間はこのように互いに相手を高めあうという関係にある。それが「送り」という考え方なのである。その「送り」が、思想として理論化され、儀礼として整えられたのが有名なクマ送り（イオマンテ i-oman-te）なのである。イオマンテは、だからクマが神のいけにえにされるのではないし、クマを殺すのでもない。クマの霊をお帰し申し上げる儀礼なのである。もちろん、霊をお帰し申し上げるのはクマに限ったことではなくシマフクロウやほかの動物に対しても敬虔におこなっているのである。

あとがき

アイヌ文化を語るなどとは、おのが実力を超えただいそれた試みであったと正直そう思う。また反面、かかる大きな存在にまともにぶちあたろうとしたことはそれじたい（ドン・キホーテ的）勇気ある試みであったとも思う。

アイヌ文化を学び始めてからどのくらい星霜をかさねたことか。その割には進歩なぞ感じられないし、いったい今までなにを考えていたのだとは異界から聞こえてくる叱正でもある。だからアイヌ文化とは何かと大上段に構えて語るつもりはないし、また、アイヌ文化を一言で示す特徴をあげよなどといわれても答えるすべなぞあろうわけがない。

とはいうものの今回、アイヌ文化に正面から取り組んでみようと思いたったのは、十数年におよぶ欧米ロシアの諸博物館が有するアイヌの文化財を親しく調査しはじめてからである。日本にはすでに失われたものがそこには存在していたり、これまで不完全なものしか見ていなかった身には想像だにできぬかたちとして眼前に迫ってきたりした。ものがきわめて雄弁に語り始めたのである。そして、そのたびにアイヌ文化のすごさにあらためて圧倒されたのである。

はじめてライプツィッヒの民族博物館を訪れたのはドイツ民主共和国時代であった。月曜日には恒例になっていた大デモ行進がおこなわれていたり、東を脱出しようという若者で騒然としていた。そんな情勢をよこめに博物館にいくと、キーパーのエアハルトがにこにこ笑いながら出してきてくれたのが、完全なかたちで保存されていたラプルであった。感動に打ち震えながらメジャーをあてたのを昨日のように思い出す。たったひとりの調査の旅。新たな品物が出されるたびに驚きの声を発するわたくしにエアハルトは親切だった。休日にはかれの愛車トランバントを駆ってライプツィッヒの周辺につれだしてくれたりした。

二度目のライプツィッヒ滞在中にベルリンの壁が開いた。エアハルトはわりと冷静であったが市民は興奮していた。東独の国民はゆるやかな統一を考えていたようだが、しかし、それが一気に統一にと向かった。あとはいうまでもない。ロシアの調査が可能になったのは、かのペレストロイカのお蔭であり、ソ連邦の崩壊ゆえである。わたくしのアイヌ文化財探訪行は激動の現代史とともにあった、とはいささかオーヴァーであるが。

欧米でもロシアでも、アイヌの物質文化はとても大事に保存されていた。アイヌ資料を有しているのは一流の民族博物館の証明であると誇らしげに語った館長もいた。この資料群はわが博物館の一級品だと胸をはるキュレーターもいた。いずれ、日本でアイヌの人びとに公開する機会を得たいと語るキーパーもいた。東京国立博物館で、はじめてドイツの所蔵品を紹介した展覧会で涙を流しながら着物のケースの前にたたずむ女性がいた。アイヌ文化振興法ができて僅かずつではあるがこれらが紹介され始めているのはうれしいことである。

たったひとりの調査行から現在では一〇人レヴェルの調査団が組めるようになった。ヨーゼフ・クライナー、小谷凱宣、荻原真子といった人びとの努力のたまものである。

欧米ロシアに存在するアイヌ資料の概要が明らかになるなかで、日本国内のそれはなぜか調査がすすまない。日本独特の博物館事情があり、加えて核になるべき存在がない。やはり中心となる国立の博物館が必要である。国立の博物館で展示されているではないかという声も聞こえそうだが、広い分野を扱う大きな存在の一角では学芸員や研究員の数も充分な手当てはできないし、なによりもアイヌ文化を理解してもらう充分な展示スペースが得られない。アイヌ文化も日本国を代表する一方の文化である。日本文化を紹介する国立の施設があるのだからアイヌ文化を紹介する施設が必要なのは論ずるまでもないことだ。アイヌの人びとには文化の伝承と学習研究の場として、また新たなる文化創造の場としてそれを要求する権利があると思うがいかがであろうか。

アイヌ文化という巨大な存在に果敢に取り組んで、そのひとかわくらいはむくことができたか。わかったように書いてはいても結局は理解できていない、そのためもあって書名を『アイヌ文化誌ノート』とした。構想こそ長かったものの実体はそう、メモを綴っただけの「ノート」なのである。このそれぞれのちいさなメモがやがてひとつのテーマとして記述できる日がくるかもしれないし、たわごととして笑殺されるかもしれない。それにだいいち文化の核をなす思想にはまったくといっていいほど触れていない。

アイヌ文化にかぎらず、日本文化でもそうであるが、異文化との接触過程を考えていくと、結局はたまねぎの皮をむくように中心にはなにもないのではないかということになってしまう。現象面ではそうなのかもしれない。しかし、文化を文化たらしめるのは思想にある。アイヌ思想のじゅうぶんな理解なくしてはほんとうの文化理解はできない。だから本書は「ノート」なのである。「なにをやってたの？」という異界の声を耳にしながら、

「じいちゃん、一応ここまでやってみたよ」というほどの想いをこめてそっとおくつきに本書の報告をしようと思う。

このちいさな「ノート」の記述にあたって、長野市立真田宝物館の原田和彦氏はじめ多くの先輩、友人からご教示ご協力をたまわった。逐一お名はあげないがこころから感謝申し上げる。

二〇〇一年のはづきついたち　樺太行を前に

佐々木利和

主な参考引用文献

近藤正斎『近藤正斎全集』第一　一九〇五年　国書刊行会
知里真志保『分類アイヌ語辞典』一九五三年、一九五四年、一九六二年　日本常民文化研究所
佐藤直太郎『佐藤直太郎郷土研究論文集』正・続　一九六一年、一九六八年　釧路叢書
吉田東伍『増補大日本地名辞書』第八巻　一九七〇年　冨山房
更科源蔵『アイヌと日本人』一九七〇年　日本放送出版協会
児玉作左衛門『明治前日本人類学・先史学史』一九七一年　日本学術振興会
村山七郎『北千島アイヌ語』一九七一年　吉川弘文館
河野常吉『河野常吉著作集』Ｉ　一九七四年　北海道出版企画センター
鳥居龍蔵『鳥居龍蔵著作集』五、七　一九七六年　朝日新聞社
久保寺逸彦『アイヌ叙事詩　神謡聖伝の研究』一九七七年　岩波書店
Ｄ・Ｊ・レイ『アレウトとエスキモーの美術』一九七九年　ワシントン大学出版
Ｗ・ラフリン、スチュアート　ヘンリ訳『極北の海洋民アリュート民族』一九八六年　六興出版
中村たかを『日本の労働着』一九八八年　勉誠社
久保寺逸彦『稿本アイヌ語日本語辞書』一九九二年　北海道教育委員会
金田一京助『金田一京助全集』五〜十二　一九九二〜一九九三年　三省堂

大塚和義『アイヌ　海浜と水辺の民』一九九五年　新宿書房
竹内淳子『草木布』Ⅰ・Ⅱ　一九九五年　法政大学出版局
佐々木利和『アイヌの工芸』一九九五年　至文堂
中川裕『アイヌ語千歳方言辞典』一九九五年　草風館
米田優子「アイヌ農耕史研究にみられる伝承資料利用の問題点」『北海道立アイヌ民族文化研究センター紀要』1　一九九五年　北海道立アイヌ民族文化研究センター
萱野茂『萱野茂のアイヌ語辞典』一九九六年　三省堂
田村すゞ子『アイヌ語沙流方言辞典』一九九六年　草風館
佐々木史郎『北方から来た交易民』一九九六年　日本放送出版協会
岩崎奈緒子『日本近世のアイヌ社会』一九九八年　校倉書房
菊池勇夫『エトロフ島』一九九九年　吉川弘文館
『西伯利地誌』一八九二年　参謀本部
『シベリア歴史民族地図』一九六一年　ソ連邦科学アカデミー
『ロシアの民族大百科』一九九四年　大ロシア百科事典学術出版社
『世界民族問題事典』一九九五年　平凡社
ラウファー『アムール諸族の装飾文様』一九〇二年　アメリカ自然史博物館
金田一京助・杉山寿栄男『アイヌ芸術』一九四一〜一九四三年　第一青年社
『アイヌ民族誌』一九七〇年　第一法規出版

『聖徳太子絵伝』一九六九年　奈良国立博物館
『もめん以前のこと展』図録　一九八三年　町田市立博物館
『大陸の十字路―シベリアとアラスカの文化』展図録　一九八八年　スミソニアン研究機構
『アイヌの衣服文化』展図録　一九九一年　アイヌ民族博物館
『東京国立博物館図版目録・アイヌ民族資料篇』一九九二年　東京国立博物館
『アイヌの工芸』展図録　一九九三年　東京国立博物館
『アイヌモシリ』展図録　一九九三年　国立民族学博物館
『ロシア科学アカデミー人類学民族学博物館所蔵アイヌ資料目録』一九九八年　草風館
『アイヌ―北の人びとの精神』展図録　二〇〇〇年　スミソニアン研究機構
『杉山コレクションアイヌ関係資料図録』二〇〇一年　東北歴史博物館
『北海道史』附録　一九一八年　北海道庁
羽太正養『休明光記』『新撰北海道史』一九三七年　北海道庁
松前広長『福山秘府』『新撰北海道史』一九三七年　北海道庁
「新羅之記録」『新北海道史』一九六九年　北海道
「津軽一統志」『新北海道史』一九六九年　北海道
「東蝦夷地各場所様子大概書」『新北海道史』一九六九年　北海道
坂倉源次郎『北海随筆』(『日本庶民生活史料集成』所収　一九六九年　三一書房)
武藤勘蔵『蝦夷日記』(『日本庶民生活史料集成』所収　一九六九年　三一書房)

最上徳内『渡島筆記』(『日本庶民生活史料集成』所収　一九六九年　三一書房)
間宮林蔵『北夷分界余話』(『日本庶民生活史料集成』所収　一九六九年　三一書房)
『エトロフ島漂流記』(『日本庶民生活史料集成』所収　一九六九年　三一書房)
秦檍麿『蝦夷島奇観』(一九八二年　雄峰社版)
秦檍麿『蝦夷生計図説』(一九九〇年　北海道出版企画センター版)
上原熊次郎『もしほ草』
上原熊次郎『蝦夷語集』
寺島良安『和漢三才図会』
谷川士清『倭訓栞』
新井白石『蝦夷志』
『弘前藩々庁日記』

著者紹介
一九四八年、北海道に生まれる
一九七九年、法政大学大学院修士課程修了
現在、東京国立博物館民族資料室長、博士（文学）
主要著書
アイヌ語地名資料集成　アイヌの工芸

歴史文化ライブラリー
128

アイヌ文化誌ノート

二〇〇一年（平成十三）十月一日　第一刷発行

著　者　佐《さ》々《さ》木《き》利《とし》和《かず》
発行者　林　英　男
発行所　株式会社 吉川弘文館
東京都文京区本郷七丁目二番八号
郵便番号一一三―〇〇三三
電話〇三―三八一三―九一五一〈代表〉
振替口座〇〇一〇〇―五―二四四
印刷＝平文社　製本＝ナショナル製本
装幀＝山崎　登

歴史文化ライブラリー

1996.10

刊行のことば

現今の日本および国際社会は、さまざまな面で大変動の時代を迎えておりますが、近づきつつある二十一世紀は人類史の到達点として、物質的な繁栄のみならず文化や自然・社会環境を謳歌できる平和な社会でなければなりません。しかしながら高度成長・技術革新にともなう急激な変貌は「自己本位な刹那主義」の風潮を生みだし、先人が築いてきた歴史や文化に学ぶ余裕もなく、いまだ明るい人類の将来が展望できていないようにも見えます。このような状況を踏まえ、よりよい二十一世紀社会を築くために、人類誕生から現在に至る「人類の遺産・教訓」としてのあらゆる分野の歴史と文化を「歴史文化ライブラリー」として刊行することといたしました。

小社は、安政四年(一八五七)の創業以来、一貫して歴史学を中心とした専門出版社として書籍を刊行しつづけてまいりました。その経験を生かし、学問成果にもとづいた本叢書を刊行し社会的要請に応えて行きたいと考えております。

現代は、マスメディアが発達した高度情報化社会といわれますが、私どもはあくまでも活字を主体とした出版こそ、ものの本質を考える基礎と信じ、本叢書をとおして社会に訴えてまいりたいと思います。これから生まれでる一冊一冊が、それぞれの読者を知的冒険の旅へと誘い、希望に満ちた人類の未来を構築する糧となれば幸いです。

吉川弘文館

〈オンデマンド版〉
アイヌ文化誌ノート

歴史文化ライブラリー
128

2017年（平成29）10月1日　発行

著　者　佐《さ》々《さ》木《き》利《とし》和《かず》
発行者　吉　川　道　郎
発行所　株式会社　吉川弘文館
〒113-0033　東京都文京区本郷7丁目2番8号
TEL　03-3813-9151〈代表〉
URL　http://www.yoshikawa-k.co.jp/

印刷・製本　大日本印刷株式会社
装　幀　清水良洋・宮崎萌美

佐々木利和（1948～）

ISBN978-4-642-75528-3